Kyung Moon Reading Classic 006

Willa Cather

Neighbour Rosicky

Translated and Annotated

by Yunki Park

KM KYUNG MOON Publishers

일러두기

- 외래어 표기는 표음 원칙에 따랐으나 이미 굳어진 몇 가지 용례는 관례에 따랐다.
- 본문에 사용한 부호와 기호의 뜻은 다음과 같다.
  - 저서 『 』
  - 개별작품, 논문 「 」
  - 연극, 영화 〈 〉
  - 강조와 인용 ' ', " "

머리말

윌라 캐더(Willa Cather, Willela Siebert Cather, 1873~1947)는 1800년대 후반 미국 중부지방의 이주민들의 삶을 주로 그린 작가로 잘 알려져 있다. 그녀는 한 때 지방색에 한정된 작가라는 다소 인색한 평가를 받은 적이 있지만, 오늘날 그녀는 비평가나 학자 그리고 일반인들 모두에서 미국문학을 대표하는 가장 뛰어난 여성작가 중 한 사람으로 인정되고 있다. 그리고 실제로도 그녀의 작품은 현재 미국의 각 대학과 대학원에서 활발히 연구되고 있기도 하다. 그녀에 관해서는 그동안 페미니스트 작가 중에서도 반페미니스트적인 특성이 강하다든지 심지어는 레즈비언이라는 평가가 있어왔는데, 이에 따라 그녀의 작품은 일반 미국문학이나 여성문학이라는 관점에서 뿐만 아니라 레즈비언이나 퀴어 이론의 관점에서 논의가 되고 있다. 따라서 그녀의 작품은 다양한 각도에서 해석이 가능하며 그 결과 상당수 논문이 나오고 있다.

작가인 캐더는 장편소설과 중편소설, 그리고 수십 편의 단편소설을 썼고, 그 중 대표적인 작품으로는 『오, 개척자들이여!』(1913), 『종달새의 노래』(1915), 『나의 안토니아』(1918), 『대주교에게 죽음이오다』(1927), 그리고 『좋은 이웃, 로시츠키 영감』(1928) 등이 있는데, 그 중 처음 세 편은 1990년대부터 제시카 랭이나 제이슨 로바즈 등이 주연을 맡은 텔레비전 영화로 제작되기도 했다. 1999년에는 미국전역을 아우르는 한 라디오토크쇼에서 다이앤 렘은 『나의 안토니아』를 "미국에서 가장 위대한 소설 중 하나"라고 소개했다. 무엇보다도 2002년 9월에 로라 부시(당시 미국대통령의 부인)의 주재로 열린 미국서부관련 백악관 심포지엄에서 에드나 퍼버, 로라 잉걸스 와일더와 함께 캐더가 거론된 것은 미국에서 그녀의 위상이 어느 정도인지를 보여주는 단적인 예라 하겠다. 이 자리에서 로라 부시는 "미국문학에서는 정치색이 없다."는 점을 강조했는데, 기실 이 말속에 담겨 있는 의도는 캐더를 비롯한 이들 작가들의 작품이 인간의 보편적인 정서에 충실하다는 점을 강조하고자 한 것이었다.

실제로 윌라 캐더는 미국문학은 비정치적이라는 로라 부시의 주장에 부합하는 작가라고 할 수 있다. 캐더는 평생 공화당원이었으나 작품에서 정치색을 공공연히 드러낸 적은 거의 없었다. 그보다는 오히려 개인의 성실성과 개성을 강조하는 미국의 전통적인 가치체제에 부응하는 사회적 존재로서의 인간의 모습을 그리는데 치중했다고 볼 수 있다. 그녀는 주로 여성과 이주민들의 생활을 작품의 소재로 활용하고 있는데, 그들은 대개 자신에게 주어진 일상적인 의무를 충실하게 실천함으로써 미국인의 꿈을 성취해가는 인물들이라고 할 수 있다. 그녀가 그리는 인물들은 어려운 상황에 직면해서 큰 용기와 안목으로 온갖 장애를 극복하는 강인한 모습이지만 다른 사람들과의 유대감도 중요시 하는 사회적 존재로서의 인간적인 모습이 주를 이룬다. 작가의 실제 경험을 바탕으로 한 인물과 자연에 대한 묘사는 독자들의 공감을 불러일으키기에 충분한데, 캐더린 앤 포터와 같은 비평가는 이런 재능을 지닌 그녀를 호손이나 플로베르 혹은 멜빌에 비유하기도 했다.

이렇듯 캐더가 작가로서의 재능을 발휘하게 된 데에는 실질적인 체험이 중요한 요소로서 작용을 했는데, 그 중 상당부분은 어린 시절 그녀가 살았던 네브래스카 주에서의 경험이 바탕이 된 것이었다. 그녀는 1973년 12월 7일에 버지니아 주 윈체스터 근처에 있는 지금의 고어지방에서 태어났고, 1884년 네브래스카 주에 있는 이주민들의 정착지인 레드클라우드로 이사를 했다. 비록 그녀가 성인이 되어서는 피츠버그나 뉴욕처럼 주로 미국의 대도시에서 생활을 하지만, 성장기에 경험한 네브래스카 주의 광활한 들판과 그곳에서의 삶은 이후 그녀의 작품에서 절대적인 소재와 배경이 된다. 1890년 그녀는 레드클라우드를 떠나 링컨 시로 이사를 하게 되고, 이곳에서 네브래스카 대학을 다니게 된다. 이때부터 그녀는 주로 편집부 일을 하면서, 평생을 미혼으로 동성인 친구들과 어울리며 살게 되는데, 이는 그녀의 성적 정체성과 관련해서 생각해볼 여지가 있다.

캐더는 레드클라우드 고등학교를 다닐 무렵 성적인 정체성 때문에 큰 고통을 겪게 되는데, 언제부터인가 그녀는 여성용의 드레스보다는 남성용의 바지 등을 주로 입었고, 자신의 이름조차 윌리엄 캐더(William Cather)나 혹은 윌 박사(Dr. Will)로 부르기를 좋아했다. 그녀는 이후 루이즈 파운드에게 보낸 한 편지에서 여성간의 우정이 자연스럽지 못하게 여겨지는 것은 부당하다고 말한 적이 있다. 1899년부터 캐더는 피츠버그에서 법관의 딸인 이사벨 맥클룽과 함께 생활하게 되는데, 1915년 그녀가 결혼을 하면서 헤어지게 되자 캐더는 커다란 혼란을 겪는다. 이사벨 맥클룽에 대한 캐더의 감정은 분명 동성 사이의 단순한 우정은 아니었다. 캐더는 그녀와 헤어지는 상황을 한동안 힘들어했으나 뉴욕으로 여행하는 도중에 만난 에디스 루이스는 이사벨 맥클룽의 빈자리를 채워주게 되고, 이 후 그녀는 캐더에게는 평생의 동반자가 된다.

캐더는 이들과 교제를 형성해가던 시기인 1892년에서 1896년까지는 주로 단편소설을 썼으나, 1912년에 이르러 첫 번째 장편인 『알렉산더의 다리』를 완성하게 되면서 지금까지 다니던 출판사를 그만두고 본격적으로 작가의 길로 들어선다. 그런데 그녀가 이렇게 결단을 내리게 된 데에는 사라 온 주웨트의 영향이 컸다고 할 수 있다. 사라 온 주웨트는 캐더에게 "삶의 평온한 중심"을 찾을 것을 강조하면서, 그녀에게 직장에서 최선을 다해 일을 하면서 동시에 재능을 최대한 발휘해서 글을 쓴다는 것이 불가능함을 지적해준 적이 있다. 이에 그녀는 전업 작가로서의 프로정신을 발휘하며 작품을 완성하는 일에 전념하게 된다. 이때부터 그녀는 『알렉산더의 다리』, 『오 개척자들이여!』, 『종달새의 노래』, 그리고 『나의 안토니아』라는 미학성이 있는 장편을 차례로 내놓게 된다. 결국 그녀는 1923년 『우리가 가진 소중한 것』(1922)으로 퓰리처상을 수상하기에 이르고, 그 후에도 그녀는 『방황하는 여인』(1923), 『교수의 집』(1925), 『대주교에게 죽음이오다』, 『바위 위에 그림자』(1931), 『루시 게이하트』(1935) 등등의 뛰어난 작품들을 내놓게 된다.

이들 작품이 나온 시기를 고려할 때 캐더는 작품의 활동을 주로 20세기 전반기에 한 셈인데, 그녀는 한동안 동시대의 조이스나 프루스트 그리고 울프나 포크너처럼 뛰어난 모더니스트 작가로서 인정을 받지는 못했었다. 그렇게 된 가장 큰 이유는 전술한 바대로 그녀가 대평원지대인 네브래스카 주를 배경으로 한 시골에서의 삶을 주로 묘사한 지방색에 한정된 작가라는 인식이 큰 작용을 했다. 더불어 그녀의 작품이 앞서 거론한 작가들의 그것과 비교해서 실험성이 약하다거나 덜 도전적이라는 평가도 그러한 인식을 강화시키는데 일조한 바가 컸다. 하지만 그녀의 작품은 형식이나 서술적인 짜임새에 있어 세련되고 정교한 미학적 구조를 갖추고 있다. 따라서 미국의 대표적인 현대시인인 월리스 스티븐즈는 "미국에서 그녀 이상의 작가는 없다."는 평가를 내렸을 정도이고, 아울러 울프나 싱클레어 루이스 같은 작가들도 모더니스트 작가로서의 그녀의 역량에 아낌없는 찬사를 보냈다.

캐더는 글쓰기 기법에 있어서는 전통적인 방식을 따랐고 인물을 조망하는 방식에 있어서도 사실적인 접근을 더 선호한 측면이 있다. 하지만 그녀는 흔히 모더니즘이라 불리는 20세기 전반기에 유행했던 문학적 양식, 이를테면 상징주의나 인상주의 등의 기법에도 큰 관심을 보였고, 일견 그러한 양식을 자신의 작품에서 적용하고 있기도 하다. 그리고 그녀는 글을 쓰는 목적에 있어서도 당대의 유명한 모더니스트 작가들과 동일한 지향점을 지니고 있었다. 그녀는 작가의 역할에 대해 여러 번 언급한 적이 있는데, "위대한 작가란 결국 진실에 접근하는 자이고,

또 그러한 진실을 글로 표현하는 자"라는 신념이 있었다. 그 결과 그녀는 자신의 작품에서 실제로 보이는 현상에 대한 묘사에 집중하면서도, 그보다는 오히려 그 이면에 존재하는 진리를 탐구해서 포착해내는 일에 더 큰 관심을 보인다. 같은 맥락에서 그녀는 기계적인 플롯보다는 세심하게 선택한 여러 가지 사건을 통하여 하나의 통일성을 완성하고자 하는데, 그렇게 해서 그녀가 이루고자 하는 것은 결국 진실에 부합하는 인생을 표현하는 것이었다.

그런데 필자가 본 책에서 다루고 있는 『좋은 이웃, 로시츠키 영감』은 분량이 중편에 지나지 않지만, 그 내용에 있어서는 진리를 포착해내는 것이 위대한 작가의 할 일이라고 말하는 캐더의 문학관이 충실하게 반영되고 있는 작품이라 할 수 있다. 비교적 읽기가 용이한 이 작품은 주요 등장인물들의 플래시백이라는 기법을 통해 전개되고 있는데, 이야기의 중심내용은 체코슬로바키아 출신인 로시츠키 영감의 삶과 죽음을 중심으로 한 소소한 일상과 사건이다. 그런데 바로 이러한 점 때문에

이 작품은 예술가의 사명이 인생의 진리를 포착하는 것이라고 말하는 작가의 문학관이 잘 반영되어 있다고 할 수 있다. 그녀는 인생에서 가장 진실하면서 인간관계를 공고히 다지는 진리는 어떤 극적이고 대단한 사건이 아니라 평범하고 사소한 일상이라고 말한 적이 있기 때문이다.

> "때때로 인생에서 가장 행복한 때는 결혼식일 수가 있지만, 대개의 경우 사람들이 가장 떠올리기를 좋아하는 날은 특별한 사건이 일어나지는 않았지만 세상이 온통 황금빛으로 물들어 있는 듯 보였던 바로 그 평범하고 조용했던 날입니다." (Cather, "Interview")

따라서 작가인 윌라 캐더와 그녀의 문학작품을 효율적으로 이해하는데, 이 작품에 대한 연구는 충분한 가치가 있다고 하겠다.

로시츠키 영감의 공감적 사랑*

1

윌라 캐더는 한때 "인간의 관계란 인생을 살아가는데 필요불가결한 비극성이고, 결코 완전하게 충족되지 않는 것으로 모든 에고는 절반은 탐욕스럽게 그것을 쫓고, 또 절반은 그것으로부터 도피하려는데 시간을 소비한다."고 말한 적이 있다. 하지만 그녀는 『좋은 이웃, 로시츠키 영감』에서 안톤 로시츠키라는 노인의 모습을 통해 이러한 비극성에 맞서는 방법을 찾고 있다. 그런데 그 방법이란 영웅적인 행동이 아닌 일상생활에 만족하면서 가족이나 이웃들에게 베푸는 아낌없는 사랑의 실천이라 할 수 있다.

캐더는 이 작품에서 사랑을 실천하는 로시츠키 영감의 여러 가지 방식을 보여주고 있는데, 작가는 그가 보여주는 사랑의 유형을 주변 인물들의 시각이 반영된 전지적 시점으로 전개한다. 그 과정에서 작가는 현재의 삶에 만족하는 것이 우리의 삶에서 얼마나 의미 있는 일인가 하는 점을 반복해서 강조하고 있다. 그리고 그러한 주제를 부각시켜 주는 인물은 당연히 로시츠키 영감이라 할 수 있는데, 그에게는 작가의 아버지인 찰스 캐더의 모습이 투영되어 있다. 이 작품은 원래 네브래스카에서 살았던 캐더의 유년시절과 청소년기에 겪었던 경험에 바탕을 둔 것으로서, 로시츠키 영감의 심장마비와 죽음은 바로 병으로 세상을 떠난 찰스 캐더의 질병과 죽음이 반영된 것으로 볼 수 있다. 캐더는 부드럽고 감성적인 면 때문에 특히 아버지와 관계가 좋았고, 따라서 그녀는 아버지

* 본 논문은 2010년 대한영어영문학회 학술지 논문을 수정한 것임.

의 죽음을 받아들이는데 몹시 힘들어 했다. 이 같은 심리적 요인에서 그녀는 로시츠키 영감에게 자상했던 아버지의 모습을 투영시키면서 작품의 주제를 가족애 중심의 공감적 사랑으로 발전시켰다고 할 수 있다.

그렇다면 로시츠키 영감이 보여주는 공감적 사랑이란 무엇일까? 로시츠키 영감은 한 마디로 가족이나 이웃들의 행복을 위해서는 기꺼이 자신을 희생하는 모습을 보인다. 작가는 로시츠키 영감이 어려웠던 지난날을 회고하는 장면에서는 플래시백이라는 기법을 활용하고 있는데, 그러한 회고를 통해 그가 말하는 진리는 자기 주변에 있는 가족과 이웃에 대한 사랑이야말로 인생에서 가장 소중한 가치라는 점이다. 그는 아무리 힘든 일을 겪게 되는 순간이 와도 결코 긍정적인 태도를 잃지 않으며, 어려운 삶 가운데에서도 행복을 찾아내는 방법을 알고 있다. 그리고 그의 사랑이 더욱 가치가 있는 것은 그것이 가족과 이웃들에게까지 전파되는 공감적 사랑이기 때문이다. 따라서 본론에서는 따듯한 시선으로 전개되는 로시츠키 영감의 공감적 사랑에 관해 살펴볼 것이다.

2

2-1. 로시츠키 영감의 공감적 사랑의 원천과 의미

『좋은 이웃, 로시츠키 영감』에서 캐더는 공감적 사랑의 의미를 탐색하고 있는데, 그러한 사랑의 중심에는 로시츠키 영감이라는 평범한 농부가 있다. 작가가 이 작품에서 보여주는 로시츠키 영감은 본질적으로 선량한 사람이다. 그는 소박한 농장에서 평범한 생활을 하면서도 평범한 사람들의 고상한 가치와 도덕성을 지켜가는 인물이다. 그는 항상 자신만이 아니라 남을 기쁘게 만드는 일이 무엇일까를 찾고 있으며, 가족과 이웃들 사이에서 서로간의 이해를 촉진시키는 일에 최선을 다하는 모습이다. 따라서 그는 사랑을 실천하는 미덕의 소유자라 할 수 있는데, 그가 사랑을 전파하는 방식은 거창한 것이 아니라 소소한 관심과 행동의 실천을 통해서이다. 그 결과 그는 주변 사람들과는 언제나 좋은 유대를 형성하게 되고, 그들로부터는 좋은 사람으로 인정을 받게 된다.

이렇게 볼 때 로시츠키 영감의 삶은 행복하다고 할 수 있는데, 행복이라는 말과 결부해서 떠오르는 개념은 물질적인 부유함이라고 할 수 있다. 그렇지만 그의 행복의 원천은 그러한 종류의 부유함과는 별로 관련이 없다. 작품에서 그가 반복해서 말하는 부에 대한 개념은 단순히 물질적인 풍요로움이 아닌 주어진 현실에 만족할 줄 아는 태도와 좀 더 밀접히 관련된 것이다. 그런데 그가 부에 대해 이러한 개념을 지니게 된 것은 선량한 선천적인 심성이외에도 도시와 시골에서 번갈아가며 살면서 체득하게 된 경험으로부터 나온 것이다. 런던에서의 궁핍한 생활 후에 그가 경험하게 되는 뉴욕이라는 대도시는 처음엔 그에게 이상적인 장소처럼 보인다. 그는 그곳에서 친구들과 좋은 음식을 늘 함께 먹으며 오페라 관람을 즐기는 등 그야말로 꿈과 같은 생활을 한다. 하지만 그는 어느 날부터 알 수 없는 불안감에 시달리기 시작하는데, 문득 그가 깨달은 그것에 대한 원인은 시골생활로부터의 이탈 때문이라는 것이었다. 다시 말해 그것은 그가 어린 시절 체코슬로바키아에 있는 할아버지 농장에서 성장할 때 그에게 힘을 주었던 땅과 농장의 동물들 그리고 수많은 종류의 초목과의 유대감을 상실한 데서 오는 불안정이었던 것이다. 그가 지금 살고 있는 뉴욕은 사회적, 경제적, 그리고 문화적 삶의 중심지라는 강점을 갖춘 도시이지만, 그곳은 또한 그에게 심리적, 도덕적, 그리고 정신적인 공허감을 느끼게 만드는 장소인 것이다.

> 그 때는 7월 4일 오후였는데, 그는 파크플레이스에서 햇볕을 쬐며 앉아 있었다. 뉴욕시 남쪽은 텅 비어 있었다. 월스트리트, 리버티스트리트, 브로드웨이가 모두 비어 있었다. 그렇게 많은 돌과 아스팔트 위로 지나가는 것은 아무것도 없었고, 그렇게 많은 진열창도 텅 비어 있었다. 기계가 서 있고 벨트며 밴드가 도는 것을 멈춘 공장의 적막함만큼이나 모든 것이 텅 비어 있었다. 그것은 너무나 큰 변화였고, 사람에게서 온 힘을 소진시키는 것이기도 했다. 도무지 생명력이란

한 방울도 흘러나오지 않는 그 공허한 건물들은 마치 텅 비어 있는 교도소와 다름이 없었다. 젊은 로시츠키는 퍼뜩 그러한 것이 다 대도시가 안고 있는 문제점에서 기인한 것이라는 생각을 했다. *대도시는 건축물을 지으면서 사람들을 대지로부터 격리시키고, 사방을 시멘트로 처발라 땅과의 접촉을 완전히 차단시키고 있군. 사람들은 바다 속에 있던 예전보다도 훨씬 더 편안함을 느낄 수도 있는 수족관에 있는 물고기처럼 그렇게 자연으로부터 동떨어진 인공적인 세계에서 살아가고 있구나.*

심리적인 불안정 속에서 젊은 시절의 로시츠키는 처음엔 술에만 의존하게 되는데, 어느 순간 그는 무한한 자유와 광대한 지평선을 보증해줄 것 같은 시골의 환영을 잠깐이나마 보게 된다. 그러자 그는 어린 시절에 경험했던 자연과의 생태학적 정체성을 회복한다면 지금의 불안정한 상태로부터 벗어날 수 있다는 확신을 하기에 이른다. 이는 그가 계절의 순환을 자신의 정체성의 일부로 받아들이는 것이고, 대자연의 땅을 자신의 물질적이고 정신적인 영양분으로 받아들이는 것을 의미하는 것이다. 마침내 그는 자신의 병든 마음을 치유하고자 도시를 떠나 시골로 이사를 갈 결심을 굳히게 되고, 시골로 이사를 간 그는 그곳에서 아내를 만나 가족을 거느리게 되며, 자연과 벗하는 일을 하면서 심리적인 치유는 물론 삶에 대한 행복까지도 경험하게 된다. 결국 그에게 시골은 행복을 추구하는 공간으로서 도시에 비해 훨씬 더 이상적인 공간이 된다.

시골이라는 공간은 또한 로시츠키 영감의 선량함의 원천을 설명해줄 수 있는 공간이기도 한데, 작품을 통해서 알 수 있는 사실은 로시츠키 영감이 보여주는 선량함의 원천은 결국 그가 어린 시절에 살았던 체코슬로바키아의 시골지역에서 비롯된 것이라는 점이다. 그렇다고 그가 새롭게 이사해 온 네브래스카주의 시골이 늘 편안하고 풍족한 낙원과 같은 장소는 물론 아니다. 그는 때로는 고난과 역경을 이겨내야 하고 또 때로는 가뭄 등의 자연재해 때문에 좌절을 맞기도 한다. 하지만 시골사람들은 도시사람들에 비해 훨씬 더 인정이 있고, 또 농사를 지으면 비록 풍족하지는 않더라도 그런대로 편안한 생활을 꾸려갈 수는 있다. 그렇게 해서 얻게 된 생활의 안정감은 그가 가족과 이웃들에게 더 많은 사랑을 실천할 수 있게 하는 궁극적인 원동력으로서 작용한다고 볼 수 있다.

그리고 그가 실천하는 사랑은 곧바로 가족과 이웃들에게 전파가 되는데, 그렇게 전파된 사랑은 가족과 이웃들에게 몇 배로 불어나면서 확산된다. 로시츠키 영감의 주변에 있는 인물들은 모두가 그 대상이 이웃이든 가족이든 서로를 끔찍하게 여기며, 무엇이든 함께 하려는 적극적이고 협조적인 자세를 보여준다. 그들은 상대방에 대한 배려로서 자신들의 몫까지도 기꺼이 양보하려들 뿐만 아니라 무엇보다도 서로에 대한 애정이 남다르다. 건강하지 못한 심장을 가진 로시츠키 영감을 진료한 버레이 박사는 그에 대한 애정과 안타까움을 보이며, 로시츠키 영감의 아내인 메리는 가난한 소년에서 의사로 성장한 버레이 박사의 성공을 마치 자식의 일인 양 기뻐해준다. 로시츠키 영감의 아이들도 버레이 박사를 늘 가족같이 맞이하고, 버레이 박사 또한 그들을 진심에서 대한다. 로시츠키 영감의 장남인 루돌프도 역시 이웃에 대한 따듯한 관심을 보여주는데, 그는 이웃의 임신한 마셜부인이 무거운 우유통을 드는 모습을 걱정하며 바라본다. 무엇보다도 시댁의 식구들과는 다른 방식으로 살아온 폴리가 그들에게 마음을 여는 모습은 결국 로시츠키 영감이 보여주었던 사랑의 실천이 공감적 사랑으로 발전된 것이라고 볼 수 있다. 이렇게 볼 때 그의 사랑과 실천은 결국 네브래스카주의 한 시골지역에서 살아가고 있는 구성원들을 하나로 결속시키고 그들의 삶을 행복하게 만드는 원천이 된다고 할 수 있다.

2-2. 자연법칙에 순응하는 로시츠키 영감의 삶

기본적으로 이 작품은 로시츠키 영감의 삶을 현재로부터 과거로 거슬러 올라가면서 조망하는 플래시백의 구조를 취하고 있다. 그런데 그의 과거와 현재의 삶을 객관적인 실체로 조망하고 그것의 의미를 확장시켜주는 인물은 그에게 죽음이 가까워 왔음을 알려주는 버레이 박사라 할 수 있다. 실제로 로시츠키 영감이 자신의 삶을 회고하게 되는 것도 자신의 심장이 기능을 다했다는 버레이 박사의 진단이 동기가 된 것이었다. 본질적으로 이 작품의 저류에는 사랑이 중심적인 테마로 작용하는데, 아이러니컬한 것은 이렇듯 그러한 사랑이 죽음에 직면해서 회고되고 죽음과 함께 대비가 되면서 강조되고 있다는 사실이다.

그런데 죽음을 대하는 로시츠키 영감의 태도는 그것이 두렵거나 피해야 할 대상이 아니라 그저 일상의 한 부분으로 자연스럽게 받아들여야 하는 대상처럼 태연하다. 작품에서는 죽음에 대한 상징으로 묘지에 대한 묘사가 두 번 나오는데, 한 번은 로시츠키 영감이 자신의 심장이 나쁘다는 진단을 받고 집으로 돌아갈 때 길목에 있는 묘지를 바라볼 때이며, 또 한 번은 로시츠키 영감이 죽은 후 그의 집을 방문하게 되는 버레이 박사가 보게 되는 그의 묘지이다. 먼저 로시츠키 영감은 집 근처에 있는 묘지를 바라보며 그것이 "아늑하고 집 같은 편안함을 준다." 고 생각하는데, 그는 그곳이 집 가까운 곳에 위치하고 있는 것에서도 심리적인 위안을 얻는다. 이는 자신이 죽더라도 거기에 묻히게 되면 가족들과의 유대감이 지속될 것이라는 데서 느껴지는 무의식적인 행복감이 반영된 것이라 할 수 있다.

> 로시츠키 영감에게는 그 묘지가 전혀 비좁거나 답답해보이지 않았음은 물론, 아늑해서 집 같이 편안함을 주는 동시에 사방이 탁 트여 그야말로 명당이라 할 수 있을 것만 같았다. 그곳에서는 긴 풀밭에 등을 대고 누워 둥근 하늘을 온전히 다 올려다 볼 수도 있었고, 여름철엔 옆으로 마차들이 철선으로 둘러친 담장 가까이까지 다가와 털털대며 지나가는 소리도 들을 수 있었다. 게다가 그 무덤은 집에서도 가까웠다… 그리고 무덤 속에 있는 그들은 모두가 다 옛날의 이웃들이었다. 그들 중 대부분은 친구들이었기 때문에, 그곳에서는 낯설어

하거나 어색해할 이유가 없었다… 어쨌든 그것은 아주 좋은 눈보라였다. 그렇게 드넓은 대지 위를 그렇듯 소리 없이, 그리고 그렇듯 우아하게 뒤덮는 장관은 보기에 몹시 즐거운 것이었다. 그의 모자 위에도, 어깨 위에도, 그리고 말들의 등과 갈기 위에도 가볍고 섬세하면서도 신비한 눈은 연실 내리고 있었다. 그리고 눈이 내리면서 건조하고 신선한 향내가 대기로 방출되었다. 그것은 식물이나 사람 그리고 짐승들, 더불어 땅 그 자체의 휴식을 의미하는 것이었는데, 이때는 밤이 길어 충분한 잠을 자고, 느긋하게 아침식사를 할 수 있고, 화롯가에서 편안하게 휴식을 취할 수 있는 계절이다.

그는 지금 내리고 있는 눈이 자신의 집과 묘지를 더욱 가깝게 만들고 있다는 인상을 받는데, 이는 그가 생사를 초월한 사랑으로 가족이나 이웃들과 연결되어 있다는 심리적 위안에서 느껴지는 감정이라 할 수 있다. 그는 자신이 죽으면 앞서 이곳에 묻혀 있는 사람들과 만나게 될 것이라는 생각도 하게 되는데, 그렇더라도 그는 그들이 과거 모두 다 이웃이었기 때문에 낯설거나 어색한 감정은 조금도 들지 않을 것이라고 자신을 위안하기도 한다. 따라서 그에게 죽음은 결코 커다란 재난도 아니고, 더 이상 가능성이 없는 절망에 굴복하는 것도 아니다. 오히려 그것은 태연하게 받아들을 수 있는 것, 이를테면 이미 예측하고 있는 것이자 우아하게 즐길 수 있는 것이다. 요컨대 그것은 삶의 또 다른 이면이다. 그리고 그것은 지금까지 살아온 것에 대한 당연한 결과로써 자연스럽게 오는 것이다. 결국 그것은 로시츠키 영감이 항시 의존하며 살아온 바로 자신이 태어나고 살아온 바로 그 땅과의 재회인 것이다.

위에 인용한 구문은 또한 로시츠키 영감 개인의 개성과 성격이 잘 드러나는 부분이기도 한데, 그것은 "아늑해서 집 같은 편안함을 주고, 경치가 멋지며, 마음이 흡족해지고, 모두가 다 이웃"이라는 식의 서술적인 전개나 "사람은 등을 대고 누울 수 있고, 마음이 편안해지고, 그들 모두가 다 옛날의 이웃들이다."는 식의 표현에서는 편안한 리듬감이 느껴지기도 한다. 이러한 식의 문체는 점차적으로 발전되어 결국 눈보라가 뒤덮는 장관으로 이어지는데, 이렇게 해서 눈이라는 클라이맥스에 도달한다. 그리고 이 대목은 진정한 소유에 대한 개념과 삶에 대한 평온한 관조의 정신이 엿보이는 로버트 프로스트의 「눈 내리는 저녁 숲가에 서서」를 연상시킨다. 또한 이 대목에서 눈은 산자와 죽은 자를 하나로 연결시키면서 아일랜드 전역에 내리는 제임스 조이스의 『더블린 사람들』의 마지막 장인 「죽은 사람들」에 나오는 눈을 연상시키기도 한다.

이렇듯 여기서 강조되고 있는 묘지는 고독하거나 버림받은 땅이 아니라 집같이 편안함을 주는 아늑한 장소이면서, 삶과 죽음을 한데 엮어 주는 매개체로서의 공간이다. 이제 묘지 주변의 풍경은 대지에서 하늘로 광대하게 조망되면서, 내용은 로시츠키 영감과 마차를 끄는 말과 더불어 모든 생명체에게는 휴식이 필요하다는 식으로 전개된다. 따라서 로시츠키 영감에게 묘지는 궁극적으로는 삶이라는 고된 육체의 짐을 벗어 놓고 편안히 쉴 수 있는 광대한 공간이자 산자와 죽은 자가 함께 이어지는 초월적인 장소가 된다. 결국 그에게 그곳은 삶과 전혀 관계없는 동떨어진 공간이 아니라, 삶과 죽음, 현재와 과거, 그리고 현재와 미래가 한데 어우러져 있음을 상징하는 연속적인 삶의 공간인 것이다. 실제로 묘지의 울타리는 산자와 죽은 자의 경계가 되는 것인데, 읍내로 향하는 사람들이 이곳을 지나는 것은 그 둘의 세계가 연결되어 있다는 것이고, 결국은 인간의 세계와 자연이 세계가 현재는 물론 죽은 후까지도 균형을 유지하고 있다는 상징으로의 해석이 된다. 이는 묘지가 삶이 단순히 종결되는 곳이 아니라 그것이 완성되는 장소이면서, 또 다른 이들에게는 새로운 삶의 출발점이 되는 장소이기도 하다는 것을 의미한다.

이후 버레이 박사는 로시츠키 영감의 묘지에 서서 그의 죽음뿐만 아니라 묘지가 모두 다 아름답다는 명상을 하게 되는데, 여기서 아름답다는 말은 로시츠키 영감의 삶이 아름다웠고 또 그가 죽은 후 그가 생전에 보여주었던 사랑과 사랑의 실천이 그의 죽음으로 인해 고귀하게 완결되고 완성되었다는 의미로 해석할 수 있다. 그리고 "여름이 오면 이곳에선 말들이 일을 하고, 이웃사람들은 이곳을 지나 읍내로 나간다. 그리고 겨울이 오면 저 멀리 옥수수 밭에서 로시츠키 영감의 가축들이 꼴을 먹고 있을 것이다."라는 사계절에 대한 묘사는 삶과 자연의 순환 과정을 상징하는 것이다. 실제로 로시츠키 영감의 삶과 죽음의 순환과정은 계절에 따라 농사를 짓는 순환의 과정과 유사하다. 일례로 밀은 봄에 경작해야 하고, 여름엔 성장시키고, 가을엔 수확을 해야 하고, 겨울엔 휴경을 해야 한다. 그는 내리는 눈을 보면서 눈과 겨울에 대해 "그것은 식물이나 사람 그리고 짐승들, 더불어 땅 그 자체의 휴식을 의미하는 것이다."라는 생각을 한다. 이는 자신의 죽음을 자연의 질서로 보고, 또 그러한 질서에 순응할 준비가 되어있는 로시츠키 영감의 자세라 할 수 있다. 아울러 이는 작가인 캐더가 인간과 자연의 관계를 결부시키고자 한 시도로 개인의 삶과 우주적인 것 사이의 관계는 합일되어 있다는 그녀의 신념이 반영된 것이라고 볼 수 있다.

2-3. 생태환경론자로서 로시츠키 영감의 공감적 사랑의 실천

이처럼 자연의 질서에 순응하는 농부로서의 로시츠키 영감을 살펴보면, 그는 완전히 생태환경에 융화되어 있는 모습이다. 진정한 생태학은 자연환경으로부터 인간이나 사물을 따로 떼어 분류하지 않는다. 그것은 이 세상을 각각의 생물체들이 뭉쳐 있는 덩어리가 아니라 본질적으로 긴밀하게 얽혀 있는 연결망으로서 바라본다. 생태학에서는 외관보다는 생물들의 내면적인 가치를 우선해서 보며, 인간 역시 그들과의 연결망 구조에서 특별한 위치를 차지하고 있는 것으로 해석한다. 이런 측면에서 보면 로시츠키 영감은 땅에 대한 생태적인 보호와 책임성을 실증해주는 인물이다. 작품에서 그는 기계화된 농기구를 사용하는 이웃들보다는 미래의 풍요로움을 기약해줄 원천으로서의 땅을 보호하는데 더 큰 관심을 기울인다. 때문에 그는 가뭄이 들어 그 해의 농사가 망치게 되었을 때에도 그러한 자연의 시련까지도 기꺼이 받아들일 수 있는 것이다.

이를 통해 로시츠키 영감이 자연과 긴밀한 관계에 있음을 알 수 있는데, 마지막 장면에 이르면 그가 땅을 보호하기 위해 자신의 생명을 버리면서까지 생태적 책임을 완수하고 있음을 알 수 있다. 그가 자주개자리 밭에서 엉겅퀴들을 걷어내는 행위는 적어도 세 가지 층위에서 상징적이다. 첫 번째 그는 자신을 버리면서까지 땅의 건강을 보호하려—긴 겨울과 가뭄 후에 자주개자리의 수확이 풍년이 되길 바라며—는 것이다. 두 번째 그는 자주개자리 밭을 통해 힘겨운 타향살이를 하는 동안 늘 떠오르던 고향과의 심리적인 유대감을 확인하려 드는 것이다. 그리고 마지막으로 그는 아이들이 농장을 버렸을 때 부딪치게 될 잔혹한 경쟁을 피하게 해주기 위해 엉겅퀴를 제거하면서 자신의 생명을 버리는 것인데, 이때 그가 보여주는 행위는 땅과 나아가 자녀들의 이익을 위해 자신을 희생하는 모습인 것이다.

여기서 로시츠키 영감이 자신을 희생하는 모습은 본질적으로 가족에 대한 사랑의 발로에서 비롯된 것인데, 그러한 사랑은 햇볕에 그을린 그의 모습과 더불어 땅의 색상과 같은 갈색의 손을 통해 읽을 수 있다. 여기서 손의 중요성을 강조하는 것은 타당한데, 결국 로시츠키 영감의 갈색의 손은 농장에서 가족을 위해 노력하는 힘겨운 일뿐만 아니라, 궁극적으로는 그의 운명을 상징하는 것이기 때문이다. 이렇게 주장할 수 있는 이유는 손을 통해 한 농사일은 결국 그의 심장에 무리를 주었고, 그것은 그의 운명을 결정짓는 요인으로 작용하기 때문이다. 이에 버레이 박사는 그에게 쉬어가며 가벼운 일만을 할 것을 제안한다. 하지만 그는 지금까지 해오던 일을 갑자기 중단하라는 말을 쉽게 받아들이지 못한다.

결국 의사의 충고에도 그는 힘겨운 일을 하게 되고 그로 인해 심장이 마비되어 죽음을 맞게 된다. 그는 가족을 위해 사랑하는 큰 아들이 땅에 정을 붙이고 땅에 의존해 행복한 삶을 살도록 돕기 위해 그를 대신해 농장에 쌓인 자주개자리 밭에서 엉겅퀴를 치우다가 죽게 되는 것이다. 이는 로시츠키 영감이 죽음마저도 초월하는 깊은 사랑과 그것의 실천을 보여주는 것으로, 그의 죽음이 결코 비극적이지 않다고 주장할 수 있는 장면이다. 그런 의미에서 갈색의 손은 로시츠키 영감의 다정한 내면과 그의 헌신적인 사랑의 상징으로 해석할 근거가 된다. 그리고 그의 손이 결정적으로 사랑의 상징으로 해석될 수 있는 구체적인 예는 며느리인 폴리와 시아버지인 로시츠키 영감 사이에서의 일화에서 찾아볼 수 있다. 폴리는 자신의 농장에서 엉겅퀴를 치우다 쓰러진 시아버지의 손을 잡으면서 그가 보여주었던 그동안의 사랑의 깊이를 처음으로 깨닫게 된다. 그녀가 그의 손에서 무언가 특별한 것, 다시 말해 그의 성격을 알 수 있는 특별한 느낌을 느끼게 된다. 그녀는 손의 감촉을 느끼며 그가 다른 사람을 사랑하는 독특한 능력을 갖고 있음을 알게 된다.

> 그의 사랑은 또한 손에서도 느껴지고 있었다. 그가 잠에 빠져든 이후에도, 그녀는 그의 따듯하고, 크고, 유연하며 갈색인 손을 잡은 채로 앉아 있었다. 그녀는 아직 한 번도 그와 같은 손을 잡은 적이 없었다. 그녀는 집시의 손이 이렇지 않을까 하는 생각이 들었는데, 생동감이 넘치는 그의 손은 민첩하면서도 마치 가볍게 소통이라도 하는 듯해 농부의 손이라고 하기엔 이상할 정도였다. 그녀가 알고 있는 대부분의 농부들은 망치처럼 울퉁불퉁한 큰 주먹을 갖고 있었는데, 그것들은 매듭이 져 있고 뼈가 도드라져 보기에도 흉했고, 손가락 또한 뻣뻣하게 굳어 있었다. 하지만 시아버지의 손은 수은처럼 유연성이 있으면서도 근육이 잘 발달했고 연한 시가의 색을 띠고 있었다. 그리고 손바닥에는 손금이 아주 깊게 나 있었다. 그의 손은 경직되지 않았고, 우둔하게 뭉툭한 덩어리처럼 생기지도 않았다. 그것은 따듯하고 갈색으로 사람의 향기가 나는 손이었다.

이 부분은 처음부터 끝까지 손에 대한 표현이 집중되고 있는 구문이다. 작품 첫 머리에서 땅과 밀접한 관계가 있는 로시츠키 영감의 갈색 손은 가족들을 부양하려고 애쓰는 노동을 상징하는 것이었다. 그의 손은 또한 힘겨운 노동이 그를 결국 죽게 하는 이유가 되기 때문에 갈색이라는 색상이 상징하듯 죽음과도 연관되는 것이었다. 하지만 로시츠키 영감의 손은 이제 전적으로 사랑을 의미하는 것으로 변용된다. 그리고 그것은 그의 손에서 다른 농부들의 손에서는 찾아볼 수 없는 독특한 감정을 느끼는 폴리의 반응에서 확연히 알 수 있다. 그녀는 다른 농부들의 손은 울퉁불퉁하고 뻣뻣하게 굳어 있는 반면 로시츠키 영감의 손은 따듯하고 생동감이 느껴진다고 말하는데, 그녀는 시아버지의 손에서 느껴지는 감촉을 통해 그가 다정하고 편안함을 주는, 즉 진실한 사랑을 주는 사람임을 확인하게 된다. 이 순간 폴리는 각성의 순간을 맞는다.

폴리는 그 후 오랫동안 그 때를 기억했는데, 그 때는 그녀에겐 각성의 순간과도 같은 것이었다. 그녀는 시아버지의 손을 통해서 인생에 관해 많은 것을 배운 것 같다는 느낌이 들었다. 그 손을 통해 그녀는 자신을 성찰할 수 있었다. 그 손은 꼬집어 뭐라 설명할 수는 없지만, 직접적으로 어떤 메시지를 전달해주고 있는 것만은 틀림이 없었다.

그녀는 이 세상에서 그 어떤 사람도, 자신의 어머니나 남편 그리고 그 누구도 시아버지만큼 자신을 사랑해준 적이 없다는 느낌이 불현듯 들었다. 그런 느낌이 그녀를 당황스럽게 만들었다. 그녀는 자리에 가만히 앉아 얼굴을 찌푸려가면서까지 그것의 정체를 알아내고자 했다. 그것은 시아버지의 사람을 사랑하는 특별한 재능, 이를테면 음악이나 색상에 대한 감식력과 같은 타고난 능력이리라. 시아버지의 사랑은 은근한 것이지, 유별나게 도드라지는 것은 아니었다. 그저 존재하는 것이었다.

폴리가 회고하는 시아버지인 로시츠키 영감은 가족을 책임지는 가장으로서의 부양자 이상이다. 그녀는 도시출신으로 그의 첫 번째 아들인 루돌프와 결혼했던 자신에게 보여주었던 그의 사랑을 깊이 인식하게 된다. 그녀는 처음엔 시골에 와서 사는 것을 몹시 힘들어 했다. 그런데 로시츠키 영감은 그녀의 힘겨움을 마음속 깊이 이해하고 있었으며, 그녀가 겪고 있는 어려움을 어떻게 해서든지 도와주려고 노력했다. 시집을 온 이후 그녀는 시댁의 가족들과는 진정한 유대를 형성하지 못했고, 또 그렇게 하려고도 하지 않았다. 그러던 어느 날 시아버지는 그녀가 한 번도 도시에 나갈 기회가 없었다는 점을 이해하고는 그녀가 살고 있는 집으로 차를 몰고 와 그녀가 남편과 함께 읍내로 데이트를 나갈 수 있게 해주었다. 그녀가 저녁설거지를 해야 한다고 하자, 그는 그 일은 자기가 할 테니 그녀보고는 걱정하지 말고 외출을 하도록 독려했다. 그녀는 이런 시아버지의 모습에서 자신에 대한 은근한 사랑을 느끼게 된 것이다. 그녀는 그가 읍내로 나갈 준비를 하라고 자신의 팔꿈치를 잡고서 방으로 부드럽게 밀어 넣었던 일을 생각하면서, 그 순간 자신이 "그의 어깨에 머리를 기대고 싶은 충동을 느꼈다."는 점을 떠올리며, 그의 공감적 사랑이 보여주는 매력이 무엇인지를 말하고 있다. 그러한 매력은 비록 작고 소박한 것이지만 진심어린 배려야말로 그 무엇과도 비교할 수 없는 큰 사랑의 실천이라는 것이다. 따라서 작가인 캐더가 이러한 장면을 통해 제시하고자 하는 작품의 주제는 결국 인간관계를 공고히 다지는 것은 엄청난 희생이 아니라 일상생활 속에서 상대방에 대한 조그만 배려라는 것이다.

3

로시츠키 영감이 보여주는 공감적 사랑을 통해 알 수 있는 이 작품의 주제는 결국 인생과 인간의 관계란 기실 어떤 극적이고 대단한 사건에서 기인하는 것이 아니라 평범하고 일상적인 순간과 상황 속에서 강화되는 것이라는 점이다. 작가인 캐더는 커다란 희생은 상대방에게 죄의식이나 빚을 지었다는 감정을 심어줄 수 있지만, 사소한 배려는 그

이상 요구하는 강제가 없기 때문에 애정을 유발시킬 수 있는 것이라고 말한 적이 있다. 그런데 이처럼 인생에서 평범한 배려는 로시츠키 영감이 모든 사람들을 대하는 방식이기도 하다. 그는 가족들에게 필요한 것을 제공해줄 뿐만 아니라, 그 외에 그들의 삶을 더욱 행복하게 만들기 위해 필요한 것도 제공해준다. 그의 이러한 태도는 가족이나 가축에게 필요한 것을 사러 도시에 나갈 때 그가 항상 무엇인가를 덤으로 사오는 행위에서도 확인할 수 있다. 그것은 그가 돈이 풍족해서가 아니라 그렇게 함으로써 가족들이 더 큰 행복을 얻었으면 하는 배려하는 마음에서 비롯된 것이다.

이렇듯 그의 가족에 대한 관심은 단순히 의무적인 부양자로서가 아니라, 그들에게 사랑과 행복을 전달해주는 역할의 전도사이다. 가족의 행복을 위해 노력하는 그의 모습은 아내인 메리가 자녀들에게 그들의 아버지가 어떤 사람인가를 설명해주는 부분에 의해서도 드러나고 있다. 메리는 어느 해인가 가뭄이 아주 심해 모든 농작물이 말라 죽었던 해에 일어난 일을 그들에게 설명한다. 그 해 그들은 수확을 거의 하지 못했지만, 로시츠키 영감은 그 결과 때문에 슬퍼하는 대신에 가족들을 위한 소풍을 계획했다. 결국 그 해 여름 로시츠키 영감의 농작물은 완전히 말라 죽었다. 어떻게 보면 그는 가족들에 대한 부양자로서의 역할엔 실패한 듯하지만, 그는 가족들에게 닥친 운명을 슬퍼하는 대신에 오히려 그들에게 희망을 가질 수 있도록 적극적인 역할을 함으로써 가족들의 행복을 유지시키고 있었던 것이다.

> "그게 너희 아버지가 살아가는 방식이란다. 온 이웃사람들이 얼굴을 쳐다보지도 못할 정도로 낙담해 있는 상황인데도 말이지. 그런 방식 덕분에 우린 그 해도 즐겁게 지낼 수가 있었어. 물론 가난하긴 했지만 말이다. 이웃사람들은 불행한 티를 고스란히 내보였지만, 그렇다고 해서 그들의 생활이 조금이라도 더 나아지진 않았단다. 그들 중 일부는 매일같이 비통해한 나머지 소화기능도 떨어져, 나중엔 입맛조차 다 잃어버리더구나."

어려운 시기를 맞아 이웃들은 자신들의 운명을 한탄하면서 밥을 먹을 기운조차 잃어버리지만, 그는 사랑을 보여줌으로써 가족들에게 안정감을 제공해주었다. 이처럼 로시츠키 영감은 특별한 방식으로 가족들을 사랑할 줄 알았으며, 그들을 편안하게 만드는 재주를 지니고 있다. 그런 의미에서 그는 단순히 가장으로서의 부양자라기보다는 가족 전체에 그 이상의 의미를 제공해주는 사람이라 할 수 있다. 그래서 이 작품은 처음 로시츠키 영감의 "나쁜 심장"에 대한 언급으로 시작되지만, 결국 우리는 "좋은 심장(마음)"이 갖는 힘을 느끼게 된다. 그는 늘 주변의 사람들에게 관심을 갖고 그들에게 작지만 진심이 담긴 사랑을 실천하는 미덕의 소유자라 할 수 있는데, 그가 실천하는 사랑이 더욱 가치 있게 느껴지는 것은 그러한 사랑은 다른 사람들과 이해가 우선되고 궁극적으로는 그들과의 이해가 서로 공유되는 공감적인 사랑이기 때문이다.

등장인물

로시츠키 (Rosicky): 작품의 주인공인 로시츠키 영감은 65세로 심장이 나쁘다는 진단을 받고 죽음이 가까이 와 있는 농부로서, 그는 한 평생 자신의 삶을 온전히 가족을 위해 바친 인물이다. 그의 삶은 4단계로 구분해볼 수 있다. 첫 번째 단계는 12세까지 살았던 보헤미아 시골에서의 어린 시절인데, 이때 그는 자연과의 친밀감을 쌓았고 그러한 감정은 이후 한 평생 지속된다. 두 번째는 런던의 치프사이드 지역에서 살던 12~20세까지의 단계로 가난한 수습 재봉사로서의 기간이다. 그 다음으로는 뉴욕에서 살던 20~35세까지의 성인기로, 이 시기는 나름대로 자유롭게 인생을 즐겼던 때이다. 하지만 그는 어느 날 갑자기 대도시 생활에 불안감을 느끼고 고향에 대한 향수를 충족시켜 줄 시골로 이사를 한다. 따라서 그는 35세부터 65세로 생을 마감하기 전까지는 줄곧 네브래스카 초원지대에 살게 되는데, 이 시기에 그는 자연과 가족에 대한 헌신과 자기희생을 보여준다.

폴리 (Polly): 폴리는 로시츠키 영감의 며느리로 그의 장남인 루돌프의 아내인데, 미국인 며느리로 처음엔 이주민들인 시댁식구들과는 마음의 거리를 두고 지낸다. 그녀는 결혼 후 처음 얼마간은 자신이 미국의 토박이로 앵글로 색슨족의 문화적 우월감을 지니고 있다는 생각을 한다. 더욱이 그녀가 도시 출신이라는 점도 시골에 살고 있는 시댁식구들과는 쉽게 어울리지 못하는 요소로써 작용한다. 로시츠키 영감은 이런 그녀에게 혹시라도 그녀가 자신의 아들과 함께 시골에 있는 자신들의 땅을 버리고 도시로 떠나지 않을까 하는 노파심으로 땅에 대한 자신의 감정을 솔직하게 이야기한다. 그는 런던에서의 비참한 생활과 미국에서의 새로운 삶에 관해 이야기를 해주는데, 서툴지만 그는 며느리를 생각하는 마음에서 영어로 말을 한다. 이민자인 로시츠키 영감은 미국인 며느리에게 미국의 시골에서 성공한 자신의 삶에 관해 이야기를 해준다. 폴리는 시아버지가 해주는 이야기와 자신에게 베푸는 끊임없는 사랑을 이해하고 시댁과의 친밀감을 쌓고자 한다. 그러던 중 로시츠키 영감이 심장에 마비가 와 쓰러지게 되고, 그녀는 그런 그를 자신의 침대에 눕히게 되는데, 이때 그녀는 시집을 온 후 처음으로 그를 "아버님"이라고 부르게 된다.

에드 박사(Dr. Ed): 『좋은 이웃, 로시츠키 영감』은 에드 버레이 박사의 회상이 작품 전체의 틀을 형성한다. 이 작품은 젊은 의사인 에드 버레이가 로시츠키 영감의 병을 진단하는 것으로 시작해 그 노인이 죽은 후 그의 무덤을 보며 그의 삶을 회상하는 것으로 끝이 난다. 에드 버레이는 로시츠키 영감의 병을 치유하진 못하지만, 그의 시각을 통해 로시츠키 영감의 삶이 깊이 있게 조망된다. 그는 "로시츠키 영감의 삶이 완전하고 아름다웠다."고 정의한다. 그렇다면 에드 버레이는 누구인가? 어떤 측면에서 그는 작품에 등장하는 인물들의 삶을 객관적으로 주목하는 외지의 교육받은 작가인 윌라 캐더 자신이라고 볼 수 있다(어린 시절 캐더는 의사놀이를 좋아했다).

리프슈니쯔(Lifschnitz): 젊은 로시츠키가 런던에서 그의 집에서 일을 했던 재봉사. 그는 체코어를 조금 하지만 그가 로시츠키를 우연히 만났을 때, 그는 로시츠키의 처지가 얼마나 딱한지를 직감하고 그에게 집과 일거리를 제공해준다. 리프슈니쯔는 아내와 다섯 자녀와 함께 작은 방이 세 칸인 아파트에 살고 있는데, 그는 한 쪽 거실을 바이올린을 공부하는 사람에게 세를 놓고 있다.

펄 양(Miss Pearl): 잡화점에서 점원으로 일하는 도시의 젊은 여성. 로시츠키 영감은 그녀가 항상 자기를 시중들어 주는 것을 즐긴다. 그녀도 그가 "자기를 귀여워하고 있다는 것을 알고 있고, 자신 또한 그와 농담을 주고받는 것을 즐기고 있다." 작품에서 그녀는 자신의 몸매에 상당히 신경을 쓰는 모습으로 나오는데, 로시츠키 영감은 그것이 요즘에 유행하는 추세라는 점을 인정하면서도, 자신은 그처럼 깡마른 여자들을 좋아하지 않는다고 말한다.

존 로시츠키(John Rosicky): 로시츠키 영감의 아들 중 막내로 12세이며, 작품에서는 아버지가 시내에 갔다 돌아올 때 말을 마구간에다 넣는 역할로 등장한다.

조세핀 로시츠키(Josephine Rosicky): 로시츠키 집안의 막내이자 외동딸로, 버레이 박사가 이웃집에서 아이를 받고 돌아가는 길에 잠깐 방문하자 그의 아침식사를 위해 상을 차리는 역할을 한다.

메리 로시츠키(Mary Rosicky): 안톤 로시츠키의 아내로, 남편보다는 15세 연하이다. 그녀는 체코슬로바키아 출신으로 따듯하고 관대한 마음씨의 소유자이며, 단순한 기쁨 속에서도 큰 즐거움을 발견하는 여성이다. 그녀에게 있어 "사람이나 동물들에게 음식을 대접하거나 먹이는 것은 자신의 애정을 표현하는 가장 자연스러운 방식"이다. 그녀는 남편에 비해 투박한 면이 있지만, 그들의 결혼생활은 성공적인데, 그것은 "그들이 삶에 대한 공통된 이상을 소유하고 있었기 때문이었다."

루돌프/루디 로시츠키(Rodolph/Rudy Rosicky): 로시츠키 영감의 장남이자 폴리의 남편. 약 20세로, 그는 "신중하고, 단순하지만 겸손"하지만 때로는 "자부심이 강한" 아들로 묘사된다. 비록 그와 폴리는 봄에 결혼을 한 신혼 초이긴 하지만, 루돌프는 힘겨운 때에 결혼을 하게 된 것을 몇 번이나 후회하는 모습을 보인다. 물론 그가 후회를 하는 것은 흉년으로 농작물의 수확을 기대할 수 없게 된 것이 가장 큰 이유라고 볼 수 있겠으나, 여기엔 또 다른 이유도 있음을 감지할 수 있다. 로시츠키 부부는 며느리인 폴리가 농장생활에 만족하지 못해 결국 결혼생활까지 파국으로 끝나지 않을까하는 걱정을 한다. 루돌프는 결혼 전 오마하 임시가축 수용장에서 일을 해 돈을 번 적이 있는데, 로시츠키 부부는 그가 현재 소작하는 농장의 자금난으로 또 다시 도시로 나가 돈을 벌겠다는 생각을 하지나 않을까 우려한다.

차 례

Cities of the dead, indeed;
cities of the forgotten, of the "put away."
But this was open and free,
this little square of long grass
which the wind for ever stirred.
Nothing but the sky overhead,
and the many coloured fields running on until
they met that sky.

Chapter I

When Doctor Burleigh told neighbour Rosicky he had a bad heart, Rosicky protested.[1]

"So? No, I guess my heart was always pretty good.[2] I got a little asthma, maybe. Just a awful short breath when I was pitchin' hay last summer, dat's all."[3]

"Well, now, Rosicky, if you know more about it than I do, what

---

1 이 작품은 버레이 박사가 이웃인 로시츠키 영감에게 심장(heart)이 너무나도 많이 안 좋다고 말하는 것으로 시작되는데, 마지막에 가서 그는 로시츠키 영감의 묘지를 바라다보며 그의 삶을 조망하는 역할을 하는 과정에서는 그의 마음(heart)이 너무나도 좋았었다고 회고하는 것으로 끝맺고 있다. 이처럼 작가인 윌라 캐더는 버레이 박사의 언어로 시작해서 버레이 박사의 언어로 작품을 마무리하는 구조를 취하고 있다. 물론 작품은 그 사이 로시츠키 영감의 플래시백을 통한 회고가 주를 이루는데, 그 사이사이엔 아내인 메리, 아들인 루돌프, 그리고 며느리인 폴리의 회고도 작품을 이끌어 나가는데 중요한 기법으로 활용된다.

2 여기서 안톤 로시츠키는 자신의 심장이 멀쩡하다고 말하는데, 실제로 육체적인 심장은 좋지 않지만 추상적인 의미의 심리적인 마음이 상당히 좋은 상태에 있다는 점에서 문학적 묘미가 있는 문장이다.

3 Just a awful short breath는 "아주 잠깐 숨이 가빴다."는 의미로 발음 상 an awful로 수정이 되어야 하며, pitchin' hay는 "건초를 던지는 일"로 pitching hay이고, dat's all은 that's all임. 작품전체에 걸쳐 로시츠키 영감은 이처럼 서툰 영어를 사용하는데, 이는 그가 체코로부터 이주해 온 이주민으로서 영어를 제대로 배우지 못한 농부이기 때문이다. 여기엔 작가의 의도도 중요한데, 그것은 선량하고 훌륭한 마음을 지니는 것과 수준 높은 교양이나 지식을 지니는 것과는 하등의 관계가 없다는 점을 강조하기 위함이다.

did you come to me for? It's your heart that makes you short of breath,[4] I tell you. You're sixty-five years old, and you've always worked hard, and your heart's tired. You've got to be careful from now on, and you can't do heavy work any more.[5] You've got five boys at home to do it for you."

The old farmer looked up at the Doctor with a gleam of amusement in his queer triangular-shaped eyes. His eyes were large and lively, but the lids were caught up in the middle in a curious way, so that they formed a triangle. He did not look like a sick man. His brown face was creased but not wrinkled, he had a ruddy colour in his smooth-shaven cheeks and in his lips, under his long brown moustache. His hair was thin and ragged around his ears, but very little grey. His forehead, naturally high and crossed by deep parallel lines, now ran all the way up to his pointed crown.[6] Rosicky's face had the habit of looking interested, —suggested a contented disposition and a reflective quality that was gay rather than grave.[7] This gave him a certain detachment, the easy manner of an onlooker and observer.

"Well, I guess you ain't got no pills fur a bad heart,[8] Doctor

4 It ~ that 강조 구문. Your heart makes you short of breath. "심장이 나빠져 숨이 가쁜 것입니다."

5 not ~ any more: 더 이상 ~하지 않다.

6 His forehead, ~ his pointed crown.: 타고날 때부터 튀어나온 이마에는 중앙에서 십자 모양의 깊이 파인 주름이 정수리 부근까지 뻗어 있었다.

7 had와 -suggested는 주어인 Rosicky's face에 같이 걸리는 동사이고, disposition과 quality는 타동사 suggest에 함께 걸리는 목적어임.

8 I guess ~ a bad heart.: I guess you don't have (got) any pills for a bad heart. ain't 는 don't have이고, no는 올바른 문법으로는 any를 써야 함. fur는 발음 그대로를 쓴 것으로 for의 의미.

Ed. I guess the only thing is fur me to git me a new one."[9]

Doctor Burleigh swung round in his desk-chair and frowned at the old farmer.

"I think if I were you I'd take a little care of the old one, Rosicky."[10]

Rosicky shrugged. "Maybe I don't know how. I expect you mean fur me not to drink my coffee no more."[11]

"I wouldn't, in your place.[12] But you'll do as you choose about that.[13] I've never yet been able to separate a Bohemian from his coffee or his pipe. I've quit trying. But the sure thing is you've got to cut out farm work. You can feed the stock and do chores[14] about the barn, but you can't do anything in the fields that makes you short of breath."

"How about shelling corn?"

"Of course not!"

---

9 I guess ~ a new one.: I guess the only thing is for me to get me a new one. 여기서 one은 heart를 대신하는 대명사임.

10 여기서 one은 앞 문장과 마찬가지로 heart를 대신하는 대명사이고, 현재사실에 반대되는 가정법 과거의 문장으로, "제가 만약 영감님이라면, 전 그 낡은 심장을 잘 돌볼 거예요."의 의미.

11 not ~ no more: not ~ any more. fur me는 for me로서 not to drink의 의미상 주어.

12 I wouldn't ~: I wouldn't drink~coffee, in your place는 "영감님의 입장이라면"의 뜻.

13 그 점에 대해서는 영감님의 선택에 맡기겠다는 의미로, 즉 커피가 입에 당기면 그 정도는 마시라는 뜻.

14 do chores: 허드렛일을 하다.

Rosicky considered with puckered brows.

"I can't make my heart go no longer'n[15] it wants to, can I, Doctor Ed?"

"I think it's good for five or six years yet, maybe more, if you'll take the strain off it.[16] Sit around the house and help Mary. If I had a good wife like yours, I'd want to stay around the house."

His patient chuckled. "It ain't no place fur a man. I don't like no old man hanging round the kitchen too much. An' my wife, she's a awful hard worker her own self."

"That's it;[17] you can help her a little. My Lord, Rosicky, you are one of the few men I know who has a family he can get some comfort out of; happy dispositions, never quarrel among themselves, and they treat you right. I want to see you live a few years and enjoy them."

"Oh, they're good kids, all right," Rosicky, assented.

The Doctor wrote him a prescription and asked him how his

---

15 make my heart go no longer'n: make my heart go no longer on으로 "더 이상 심장을 무리하게 쓰지 않다."는 의미임.

16 if you'll take the strain off it.: strain은 긴장, 과로, 피로이고 it는 heart를 가리키는 것으로서, 이 문장의 의미는 "심장에 무리만 가하지 않으신다면".

17 That's it: 이는 앞 문장에서 자기 부인은 자기가 알아서 일을 척척 처리하는 사람이라고 주장하는 로시츠키 영감의 말을 받아 버레이 박사가 하는 대답으로 "바로 그렇기 때문에" 심장에 무리를 주지 않는 소일거리나 하라고 로시츠키 영감을 설득하는 말이다.

oldest son, Rudolph, who had married in the spring, was getting on. Rudolph had struck out for himself,[18] on rented land. "And how's Polly? I was afraid Mary mightn't like an American daughter-in-law, but it seems to be working out all right."

"Yes, she's a fine girl. Dat widder woman bring her daughters up very nice. Polly got lots of spunk, an' she got some style, too. Da's nice, for young folks to have some style." Rosicky inclined his head gallantly. His voice and his twinkly smile were an affectionate compliment to his daughter-in-law.

"It looks like a storm, and you'd better be getting home before it comes. In town in the car?"[19] Doctor Burleigh rose.

"No, I'm in de wagon.[20] When you got five boys, you ain't got much chance to ride round in de Ford.[21] I ain't much for cars, noway."[22]

"Well, it's a good road out to your place; but I don't want you bumping around in a wagon much. And never again on a hay-rake, remember!"

Rosicky placed the Doctor's fee delicately behind the desk-

---

18 strike out oneself: 자립하다. 새로운 일을 개척하다.
19 In town in the car?: "읍내까지 차를 타고 오셨느냐".
20 I'm in de wagon.: "마차를 타고 왔다."는 의미로 de는 the를 소리 나는 대로 쓴 것임.
21 you ain't got~: you don't have got~이고 ride round in de Ford는 "포드 자동차를 타고 다니다."
22 noway는 조금도 ~ 않다는 의미의 not ~ at all으로, "난 차에 대해서 그다지 좋아하지도 않는다."

telephone, looking the other way, as if this were an absent-minded gesture.[23] He put on his plush cap and his corduroy jacket with a sheepskin collar, and went out.

The Doctor picked up his stethoscope and frowned at it as if he were seriously annoyed with the instrument. He wished it had been telling tales about some other man's heart, some old man who didn't look the Doctor in the eye so knowingly, or hold out such a warm brown hand[24] when he said good-bye. Doctor Burleigh had been a poor boy in the country before he went away to medical school; he had known Rosicky almost ever since he could remember, and he had a deep affection for Mrs. Rosicky.

Only last winter he had such a good breakfast at Rosicky's, and that when he needed it.[25] He had been out all night on a long, hard confinement case at Tom Marshall's, —a big rich farm where there was plenty of stock and plenty of feed and a great deal of expensive farm machinery of the newest model, and no comfort whatever.[26] The woman had too many children and

---

23 로시츠키 영감은 이웃사촌 같은 버레이 박사가 진료비를 받지 않으려 할 것을 미리 알고 의미 없는 시선과 제스처로 그의 시선을 돌려놓은 다음 전화기 뒤쪽에다 몰래 돈을 내려놓는다. 환자로서 이웃인 버레이 박사를 대하는 로시츠키 영감의 애정과 배려가 느껴지는 대목이다.

24 버레이 박사는 로시츠키 영감에게 심장이 안 좋다는 진단을 내리고 그를 보낸 후 차라리 그가 작별인사를 할 때면 "따듯한 갈색의 손"을 내밀어 주는 이웃이 아니었으면 하고 바라는데, 이는 그렇게 인정이 많은 이웃이 큰 병에 걸린 것을 안타까워하는 반응이다. 그리고 로시츠키 영감의 따듯한 갈색의 손은 그가 이웃들에게 인정을 베푸는 마음을 지녔고, 갈색의 땅과 노동을 사랑하는 사람임을 나타내주는 중요한 상징이 된다.

25 and that은 앞 문장을 받아서, "그것도"의 뜻. 이 문장은 그가 꼭 필요할 때에 흡족하게 아침 식사를 할 수 있었다는 의미.

too much work, and she was no manager. When the baby was born at last, and handed over to the assisting neighbour woman, and the mother was properly attended to, Burleigh refused any breakfast in that slovenly house, and drove his buggy—the snow was too deep for a car—eight miles to Anton Rosicky's place. He didn't know another farm-house where a man could get such a warm welcome, and such good strong coffee with rich cream. No wonder the old chap didn't want to give up his coffee![27]

He had driven in just when the boys had come back from the barn and were washing up for breakfast. The long table, covered with a bright oilcloth, was set out with dishes waiting for them,[28] and the warm kitchen was full of the smell of coffee and hot biscuit and sausage. Five big handsome boys, running from twenty to twelve,[29] all with what Burleigh called natural good manners, —they hadn't a bit of the painful self-consciousness he himself had to struggle with when he was a lad. One ran to put his horse away,[30] another helped him off with his fur coat and

---

26 no comfort whatever: "도무지 그에 대한 편의는 아랑곳하지 않았다"는 뜻.

27 No wonder the old chap ~ his coffee!: 여기서 old chap은 로시츠키 영감을 가리키는 것으로, "그러니 로시츠키 영감이 커피를 끊지 못하는 것이 하등의 이상한 일은 아니지 않는가!"의 뜻. 버레이 박사는 마셜 씨의 집에서 그의 아내의 출산을 도왔는데, 그는 출산 후 어수선한 집에서의 아침식사를 사양하고 8마일이나 떨어져 있는 로시츠키 영감의 집으로 향하면서 그곳에서의 향기 나는 커피를 기대한다. 그가 이처럼 그 댁의 커피를 좋아할 정도인데, 그 댁의 주인인 로시츠키 영감이 심장이 나쁘다고 해서 커피를 끊기를 기대한다는 것은 말이 되지 않는 다는 의미임.

28 The long table, ~ waiting for them.: "밝은 색 유포로 덮은 긴 식탁에는 가족용의 접시들이 놓여 있었다."

29 running from twenty to twelve: 다섯 명의 아이들의 나이가 "나이가 20에서 12세에 이른다."는 뜻.

30 One ran to put his horse away.: 아이들 중 한 명이 달려와 버레이 박사가 타고 간 마차의 말들을 받아서 끌고 갔다는 의미.

hung it up, and Josephine, the youngest child and the only daughter, quickly set another place under her mother's direction.[31]

With Mary,[32] to feed creatures was the natural expression of affection, —her chickens, the calves, her big hungry boys. It was a rare pleasure to feed a young man whom she seldom saw and of whom she was as proud as if he belonged to her.[33] Some country housekeepers would have stopped to spread a white cloth over the oilcloth, to change the thick cups and plates for their best china, and the wooden-handled knives for plated ones. But not Mary.[34]

"You must take us as you find us, Doctor Ed. I'd be glad to put out my good things for you if you was expected,[35] but I'm glad to get you any way at all."

He knew she was glad, —she threw back her head and spoke out as if she were announcing him to the whole prairie. Rosicky hadn't said anything at all; he merely smiled his twinkling smile, put some more coal on the fire, and went into his own room to

---

31 ~set another place under her mother's direction.: 엄마의 지시를 받고 (막내딸인 조세핀이 버레이 박사가) 식사를 할 자리를 마련했다는 의미.

32 With Mary,: "메리의 경우엔,"

33 It was a rare pleasure ~ as if he belonged to her.: 이 문장에서 알 수 있듯이, 로시츠키 영감의 부인인 메리 역시 따듯한 마음씨를 지닌 인물로 특히나 어릴 때부터 알고 지내온 버레이 박사에겐 가족과 같은 사랑으로 대하고 있음을 알 수 있다.

34 But not Mary.: 메리가 버레이 박사를 손님으로 대했다면, 그가 왔을 때 유난을 떨며 그를 대접했을 것인데, 그녀에게 박사는 가족이나 마찬 가지라서 특별한 접시나 컵 등을 꺼내 놓지 않고 대접을 하게 되었다는 의미. 해석은 "하지만 메리는 그렇게 하지 않았다."

35 If you was expected,: "의사선생이 올 줄 알았다면,"

pour the Doctor a little drink in a medicine glass. When they were all seated, he watched his wife's face from his end of the table and spoke to her in Czech. Then, with the instinct of politeness which seldom failed him,[36] he turned to the doctor and said slyly: "I was just tellin' her not to ask you no questions about Mrs. Marshall till you eat some breakfast. My wife, she's terrible fur to ask questions."

The boys laughed, and so did Mary. She watched the Doctor devour her biscuit and sausage, too much excited to eat anything herself.[37] She drank her coffee and sat taking in everything about her visitor. She had known him when he was a poor country boy, and was boastfully proud of his success, always saying: "What do people go to Omaha for, to see a doctor, when we got the best one in the State right here?" If Mary liked people at all, she felt physical pleasure in the sight of them, personal exultation in any good fortune that came to them. Burleigh didn't know many women like that, but he knew she was like that.[38]

When his hunger was satisfied, he did, of course, have to tell them about Mrs. Marshall, and he noticed what a friendly interest the boys took in the matter.

---

36 with the instinct of politeness which seldom failed him,: "몸에 밴 점잖음으로,"

37 too much excited to eat anything herself.: too~to의 용법으로, "마음이 뿌듯해져 정작 자신은 아무것도 먹지 못하다."

38 Burleigh didn't know many women like that, but he knew she was like that.: 이 문장에서 that은 앞서 나온 문장을 받는 대명사로 관심이 가는 사람들을 지켜보며 육체적인 기쁨을 느끼고, 그들이 잘 되는 모습을 보면서는 내밀한 기쁨을 느끼는 여성을 가리킨다. 따라서 "버레이는 그와 같은 성향의 여성들을 많이 아는 것은 아니나, 최소한 그녀가 그렇다는 것만은 알고 있었다."로 해석할 수 있다.

Rudolph, the oldest one (he was still living at home then)[39], said: "The last time I was over there,[40] she was lifting them big heavy milk-cans, and I knew she oughtn't to be doing it."

"Yes, Rudolph told me about that when he come home, and I said it wasn't right," Mary put in warmly. "It was all right for me to do them things up to the last, for I was terrible strong, but that woman's weakly. And do you think she'll be able to nurse it, Ed?" She sometimes forgot to give him the title she was so proud of. "And to think of your being up all night and then not able to get a decent breakfast! I don't know what's the matter with such people."

"Why, Mother," said one of the boys, "if Doctor Ed had got breakfast there, we wouldn't have him here. So you ought to be glad."

"He knows I'm glad to have him, John, any time. But I'm sorry for that poor woman, how bad she'll feel the Doctor had to go away in the cold without his breakfast."

"I wish I had been in practice when these were getting born." The Doctor looked down the row of close-clipped heads. "I missed some good breakfast by not being."[41]

---

39 he was still living at home.: 이 부분은 버레이 박사가 로시츠키 영감 댁에서 과거 아침식사를 했던 때를 회고하는 플래시백으로, 여기서 he(루돌프)는 그때까지만 하더라도 결혼 전으로 가족들과 함께 살고 있었다는 의미이다. 현재는 폴리와 결혼하여 근처 다른 집에서 땅을 소작해서 독립하여 살고 있다.

40 The last time I was over there,: "지난 번 마지막으로 그곳에 갔을 때,"

The boys began to laugh at their mother because she flushed so red, but she stood her ground and threw up her head. "I don't care, you wouldn't have got away from this house without breakfast. No doctor ever did. I'd have had something ready fixed that Anton could warm up for you."

The boys laughed harder than ever,[42] and exclaimed at her: "I'll bet you would!" "She would, that!"

"Father, did you get breakfast for the Doctor when we were born?"

"Yes, and he used to bring me my breakfast, too, mighty nice. I was always awful hungry!" Mary admitted with a guilty laugh.[43]

While the boys were getting the Doctor's horse, he went to the window to examine the house plants. "What do you do to your geraniums to keep them blooming in the winter, Mary? I never pass this house that from the road I don't see your windows full of flowers."[44]

She snapped off a dark red one, and a ruffled new green leaf, and put them in his buttonhole. "There, that looks better. You

---

41 I missed some good breakfast by not being.: being 다음엔 in practice then이 생략된 문장으로 "개업을 하지 않아서 놓치게 된 아침식사가 아쉽다."는 의미.

42 The boys laughed harder than ever,: "전보다 더 크게 웃다."

43 a guilty laugh: 미안한 듯 웃는 웃음.

44 I never pass this house that from the road I don't see your windows full of flowers.: never~ I don't see는 ~을 보지 않고서는 결코 ~하지 않는다는 의미로, "이 댁 앞을 지날 때마다 창가에 활짝 피어 있는 꽃들의 모습을 늘 보게 된다."는 뜻.

look too solemn for a young man, Ed. Why don't you git[45] married? I'm worried about you. Settin' at breakfast, I looked at you real hard, and I seen you've got some grey hairs already."[46]

"Oh, yes! They're coming.[47] Maybe they'd come faster if I married."

"Don't talk so. You'll ruin your health eating at the hotel. I could send your wife a nice loaf of nut bread, if you only had one.[48] I don't like to see a young man getting grey. I'll tell you something, Ed; you make some strong black tea and keep it handy in a bowl, and every morning just brush it into your hair, an' it'll keep the grey from showin' much.[49] That's the way I do!"[50]

Sometimes the Doctor heard the gossipers in the drug-store wondering why Rosicky didn't get on faster.[51] He was industrious, and so were his boys, but they were rather free and easy, weren't pushers, and they didn't always show good judgment.[52] They were comfortable, they were out of debt, but they didn't get much ahead.[53]

---

45 git: get

46 settin' at breakfast,: "아침을 차리면서"의 뜻. settin'은 setting이고 이어지는 문장에서 seen의 알맞은 어법은 saw가 되어야 함.

47 They're coming.: They는 grey hairs를 가리키는 대명사로, "흰 머리가 나기 시작하네요."

48 if you only had one.: one은 wife를 가리키는 대명사로, "부인을 얻기만 한다면,"

49 an' it'll keep the grey from showin' much.: and it will~ from showing much. (홍차를 진하게 끓인 물로 아침마다 솔을 이용해 발라주면) 흰 머리가 상당부분 가려지게 될 것이라는 의미.

50 That's the wat I do!: "지금 나도 그렇게 하고 있네!"

51 get on faster: 생활 형편이 더 빨리 나아지다.

52 they didn't always show good judgement.: 어떤 일에 대해 늘 이득이 되는 쪽으로 판단을 하지도 않았다.

Maybe, Doctor Burleigh reflected, people as generous and warm-hearted and affectionate as the Rosickys[54] never got ahead much; maybe you couldn't enjoy your life and put it into the bank, too.[55]

53 get much ahead: 형편이 확 펴지다.
54 the Rosickys: 로시츠키 가족
55 you couldn't enjoy your life and put it into the bank, too.: 인생을 즐기면서 동시에 그것을 은행에다가 저축해 놓을 수 없는 이치와 같은 것이다.

Chapter II

When Rosicky left Doctor Burleigh's office, he went into the farm-implement store to light his pipe and put on his glasses and read over the list[56] Mary had given him. Then he went into the general merchandise place next door and stood about until the pretty girl with the plucked eyebrows, who always waited on him, was free.[57] Those eyebrows, two thin India-ink strokes, amused him, because he remembered how they used to be.[58] Rosicky always prolonged his shopping by a little joking; the girl knew the old fellow admired her, and she like to chaff[59] with him.

"Seems to me about every other week you buy ticking, Mr. Rosicky, and always the best quality," she remarked as she measured off the heavy bolt with red stripes.

"You see, my wife is always makin' goose-fedder pillows, an'

---

56 read over the list: 구입목록을 처음부터 끝까지 읽었다.
57 with the plucked eyebrows~ was free.: 눈썹을 다 뽑아 낸.
58 because he remembered how they(eyebrows) used be.: 예전에 그녀의 눈썹이 어땠는가를 기억하고 있었기 때문에.
59 chaff: 농담(=joke).

de thin stuff don't hold in dem little down-fedders."[60]

"You must have lots of pillows at your home."

"Sure. She makes quilts of dem, too. We sleeps easy. Now she's makin' a fedder quilt for my son's wife. You know Polly, that married my Rudolph. How much my bill, Miss Pearl?"

"Eight eighty-five."

"Chust make it nine, and put in some candy fur de women."[61]

"As usual. I never did see a man buy so much candy for his wife. First thing you know, she'll be getting too fat."

"I'd like dat.[62] I ain't much fur all dem slim women like what de style is now."[63]

"That's one for me, I suppose, Mr. Bohunk!"[64] Pearl sniffed and elevated her India-ink strokes.

---

60 "You see, my wife is always making goose-feather pillows, and the thin stuff don't hold in them down-feathers.": "아가씨도 알다시피, 집사람은 항상 거위 털 베개를 만들지 않겠나, 그런데 얇은 천으론 거위 털이 삐져나오는 것을 막진 못하거든."

61 "Chust(Choose) make it nine, and put in some candy fur(for) de(the) women.": "마저 9달러를 채워야겠군, 나머진 여자들에게 줄 사탕으로 채워줘."

62 "I'd like dat.": I do like that. 바라던 바인 걸. 여기서 'd는 do의 의미로 강조용법이고 dat은 that임.

63 what the style is now: 요즘 유행하는 몸매처럼.

64 "That's one for me, I suppose, Mr. Bohunk!": "저도 그런 여자 중의 한 명인걸요. 이민자 일꾼님!" (Bohunk는 다소 비하적인 의미로 동유럽계 출신의 미숙련 노동자를 가리킨다.)

When Rosicky went out to his wagon, it was beginning to snow, —the first snow of the season, and he was glad to see it. He rattled out of town and along the highway through a wonderfully rich stretch of country, the finest farms in the county. He admired this High Prairie, as it was called, and always liked to drive through it. His own place lay in a rougher territory, where there was some clay in the soil and it was not so productive. When he bought his land, he hadn't the money to buy on High Prairie; so he told his boys, when they grumbled, that if their land hadn't some clay in it, they wouldn't own it at all. All the same, he enjoyed looking at these fine farms, as he enjoyed looking at a prize bull.[65]

After he had gone eight miles, he came to the graveyard, which lay just at the edge of his own hay-land. There he stopped his horses and sat still on his wagon seat, looking about at the snowfall. Over yonder on the hill he could see his own house, crouching low, with the clump of orchard behind and the windmill before, and all down the gentle hill-slope the rows of pale gold cornstalks stood out against the white field. The snow was falling over the cornfield and the pasture and the hay-land, steadily, with very little wind, —a nice dry snow. The graveyard had only a light wire fence about it and was all overgrown with long red grass. The fine snow, settling into his red grass and upon the few little evergreens and the headstones, looked very pretty.

65 prize bull: 알짜배기 땅

It was a nice graveyard, Rosicky reflected, sort of snug and homelike, not cramped or mournful, —a big sweep all round it. A man could lie down in the long grass and see the complete arch of the sky over him,[66] hear the wagons go by; in summer the mowing-machine rattled right up to the wire fence. And it was so near home. Over there across the cornstalks his own roof and windmill looked so good to him that he promised himself to mind the Doctor and take care of himself. He was awful fond of his place, he admitted. He wasn't anxious to leave it. And it was a comfort to think that he would never have to go farther than the edge of his own hayfield. The snow, falling over his barnyard and the graveyard, seemed to draw things together like. And they were all old neighbours in the graveyard, most of them friends; there was nothing to feel awkward or embarrassed about. Embarrassment was the most disagreeable feeling Rosicky knew. He didn't often have it,[67] —only with certain people whom he didn't understand at all.

Well, it was a nice snowstorm; a fine sight to see the snow falling so quietly and graciously over so much open country[68]. On his cap and shoulders, on the horses' backs and manes, light, delicate, mysterious it fell; and with it a dry cool fragrance was released into the air.[69] It meant rest for vegetation and men and

66 A man could ~ see the complete arch of the sky over him.: 긴 풀밭에 등을 대고 누워 둥근 하늘을 온전히 다 올려다 볼 수 있었다.
67 He didn't often have it.: 어색한 감정이 들 때가 드물다.
68 open country: 드넓은 대지.
69 with it a dry cool fragrance was released into the air: 눈이 내리면서 건조하고 신선한 향내가 대기로 방출되었다.

beasts, for the ground itself; a season of long nights for sleep, leisurely breakfasts, peace by the fire. This and much more went through Rosicky's mind, but he merely told himself that winter was coming, clucked to his horses, and drove on.

When he reached home, John, the youngest boy, ran out to put away his team[70] for him, and he met Mary coming up from the outside cellar[71] with her apron full of carrots. They went into the house together. On the table, covered with oilcloth figured with clusters of blue grapes,[72] a place was set, and he smelled hot coffee-cake of some kind. Anton never lunched in town; he thought that extravagant, and anyhow he didn't like the food. So Mary always had something ready for him when he got home.

After he was settled in his chair, stirring his coffee in a big cup, Mary took out of the oven a pan of kolache stuffed with apricots,[73] examined them anxiously to see whether they had got too dry, put them beside his plate, and then sat down opposite him.[74]

Rosicky asked her in Czech if she wasn't going to have any coffee.

---

70 ran out to put away his team: 뛰어나와 말과 마차를 받아갔다.

71 the outside cellar: 옥외식품 저장고, a root cellar라고도 함.

72 covered with oilcloth figured with clusters of blue grapes: "청포도송이 그림이 새겨진 유포로 덮은".

73 a pan of kolache stuffed with apricots: 살구 콜라체(체코 요리로 빵 속에 치즈와 과일을 한데 채워 먹는 빵) 한 접시.

74 sat down opposite him: 마주보며 앉다.

She replied in English, as being somehow the right language for transacting business: "Now what did Doctor Ed say, Anton? You tell me just what."[75]

"He said I was to tell you some compliments, but I forgot 'em." Rosicky's eyes twinkled.

"About you, I mean.[76] What did he say about your asthma?"

"He says I ain't got no asthma." Rosicky took one of the little rolls in his broad brown fingers. The thickened nail of his right thumb told the story of his past.

"Well, what is the matter? And don't try to put me off."[77]

"He don't say nothing much, only I'm a little older, and my heart ain't so good like it used to be."[78]

Mary started and brushed her hair back from her temples with both hands as if she were a little out of her mind. From the way she glared,[79] she might have been in a rage with him.

"He says there's something the matter with your heart? Doctor Ed says so?"

---

75 You tell me just what.: 숨김없이 말해주세요.
76 About you, I mean.: 당신에 관한 이야기를 말하는 것이에요.
77 And don't try to put me off.: 내게 숨기려고 하지 마세요.
78 my heart ain't(isn't) so good like it used be.: 과거만큼 심장이 좋지 않다더군.
79 From the way she glared,: "그녀가 노려보는 태도로 볼 때,"

"Now don't yell at me like I was a hog in de garden, Mary. You know I always did like to hear a woman talk soft. He didn't say anything de matter wid my heart,[80] only it ain't so young like it used to be, an' he tell me not to pitch hay or run de corn-sheller."

Mary wanted to jump up, but she sat still. She admired the way he never under any circumstances raised his voice or spoke roughly. He was city-bred, and she was country-bred; she often said she wanted her boys to have their papa's nice ways.

"You never have no pain there, do you? It's your breathing and your stomach that's been wrong. I wouldn't believe nobody but Doctor Ed about it. I guess I'll go see him myself. Didn't he give you no advice?"

"Chust to take it easy like, an' stay round de house dis winter.[81] I guess you got some carpenter work for me to do. I kin[82] make some new shelves for you, and I want dis long time to build a closet in de boys' room and make dem two little fellers keep dere clo'es hung up."[83]

---

80 He didn't say anything de matter wid my heart: He didn't say anything of the matter with my heart.

81 an' stay round de house dis winter: and stay round the house this winter. "올 겨울엔 집에서 유유자적하며 보내다"는 뜻.

82 kin: can.

83 I want dis(this) long time... and make dem(them) two little fellers keep dere(their) clo'es(clothes) hung up: dem(them)과 two little fellers는 동격. make(사역동사)+목적어(dem/them two little fellers)+목적보어(keep~hung up)의 구문.

Rosicky drank his coffee from time to time, while he considered. His moustache was of the soft long variety and came down over his mouth like the teeth of a buggy-rake over a bundle of hay. Each time he put down his cup, he ran his blue handkerchief over his lips. When he took a drink of water, he managed very neatly with the back of his hand.

Mary sat watching him intently, trying to find any change in his face. It is hard to see anyone who has become like your own body to you. Yes, his hair had got thin, and his high forehead had deep lines running from left to right. But his neck, always clean-shaved except in thc busicst scasons, was not loose or baggy. It was burned a dark reddish brown, and there were deep creases in it, but it looked firm and full of blood. His cheeks had a good colour. On either side of his mouth there was a half-moon down the length of his cheek, not wrinkles, but two lines that had come there from his habitual expression. He was shorter and broader than when she married him; his back had grown broad and curved, a good deal like the shell on an old turtle, and his arms and legs were short.[84]

He was fifteen years older than Mary, but she had hardly ever thought about it before. He was her man, and the kind of man she liked. She was rough, and he was gentle, —city-bred, as she always said. They had been shipmates on a rough voyage and

---

84 Yes, his hair had got thin(머리 숱이 적어지다), ~ and his arms and legs were short.: (양팔과 두 다리가 모두 짧아 진 것 같다)는 전시적 시점의 글이지만 역자는 이 부분을 아내인 메리가 남편인 로시츠키의 모습을 보며 그가 살아온 인생을 조망하는 시점으로 분석했다. 따라서 번역부분에서는 이탤릭체로 강조했다.

had stood by each other[85] in trying times. Life had gone well with them because, at bottom,[86] they had the same ideas about life. They agreed, without discussion, as to what was most important and what was secondary. They didn't often exchange opinions, even in Czech, —it was as if they had thought the same thought together.[87] A good deal had to be sacrificed and thrown overboard in a hard life like theirs, and they had never disagreed as to the things that could go. It had been a hard life, and a soft life, too. There wasn't anything brutal in the short, broad-backed man with the three-cornered eyes[88] and the forehead that went on to the top of his skull. He was a city man, a gentle man, and though he had married a rough farm girl, he had never touched her without gentleness.

They had been at one accord not to hurry through life, not to be always skimping and saving. They saw their neighbours buy more land and feed more stock than they did, without discontent. Once when the creamery agent came to the Rosickys to persuade them to sell him their cream, he told them how much money the Fasslers, their nearest neighbours, had made on their cream last year.

"Yes," said Mary, "and look at them Fassler children! Pale, pinched little things,[89] they look like skimmed milk. I had rather

---

85 stood by each other: 서로에게 버팀목이 되다.
86 at bottom: (at the bottom)으로도 표현되며, "근본적으로"의 뜻임.
87 it was as if they had thought the same thought together.: 서로는 언제나 같은 생각을 하고 있다고 믿고 있었다.
88 the three-cornered eyes: 삼각형 모양의 눈.
89 Pale, pinched little things: 창백하면서도, 초췌한 몰골.

put some colour into my children's faces than put money into the bank."

The agent shrugged and turned to Anton.

"I guess we'll do like she says," said Rosicky.

Chapter III

Mary very soon got into town to see Doctor Ed, and then she had a talk with her boys and set a guard over Rosicky. Even John, the youngest, had his father on his mind. If Rosicky went to throw hay down from the loft, one of the boys ran up the ladder and took the fork from him. He sometimes complained that though he was getting to be an old man, he wasn't an old woman yet.

That winter he stayed in the house in the afternoons and carpentered, or sat in the chair between the window full of plants and the wooden bench where the two pails of drinking-water stood. This spot was called "Father's Corner,"[90] though it was not a corner at all. He had a shelf there, where he kept his Bohemian papers and his pipes and tobacco, and his shears and needles and thread and tailor's thimble. Having been a tailor in his youth,[91] he couldn't bear to see a woman patching at his clothes, or at the boys'. He liked tailoring, and always patched all

---

90 "Father's Corner": 아버지 전용 구석자리.

91 Having been a tailer in his youth,: 분사구문의 형태로, As he had been a tailer in his youth, 의 의미.

the overalls and jackets and work shirts. Occasionally he made over a pair of pants one of the older boys had outgrown, for the little fellow.

While he sewed, he let his mind run back over his life.[92] He had a good deal to remember, really; life in three countries. The only part of his youth he didn't like to remember was the two years he had spent in London, in Cheapside, working for a German tailor who was wretchedly poor. Those days, he was nearly always hungry, when his clothes were dropping off him for dirt,[93] and the sound of a strange language kept him in continual bewilderment, had left a sore spot in his mind[94] that wouldn't bear touching.

He was twenty when he landed at Castle Garden in New York, and he had a protector who got him work in a tailor shop in Vesey Street, down near the Washington Market. He looked upon that part of his life as very happy. He became a good workman, he was industrious, and his wages were increased from time to time. He minded his own business and envied nobody's good fortune. He went to night school and learned to read English. He often did overtime work and was well paid for it, but somehow he never saved anything. He couldn't refuse a loan to a friend, and he was self-indulgent. He liked a good dinner, and a little went for beer, a little for tobacco; a good deal went to the girls.[95] He often stood

---

92 let his mind run back over his life: 인생을 회고하다.
93 his clothes dropping off him for dirt.: "옷을 누더기가 될 때까지 입다."
94 a sore spot in his mind: 마음속의 상흔.
95 a little ~, a little, and a good deal went to the girls.: ~에게 얼마, 또 ~에게 얼마를,

through an opera on Saturday nights; he could get standing-room for a dollar. Those were the great days of opera in New York, and it gave a fellow something to think about for the rest of the week. Rosicky had a quick ear, and a childish love of all the stage splendour; the scenery, the costumes, the ballet. He usually went with a chum,[96] and after the performance they had beer and maybe some oysters somewhere. It was a fine life; for the first five years or so it satisfied him completely. He was never hungry or cold or dirty, and everything amused him: a fire, a dog fight,[97] a parade, a storm, a ferry ride. He thought New York the finest, richest, friendliest city in the world.

Moreover, he had what he called a happy home life. Very near the tailor shop was a small furniture-factory, where an old Austrian, Loeffler, employed a few skilled men and made unusual furniture, most of it to order,[98] for the rich German housewives uptown. The top floor of Loeffler's five-storey factory was a loft, where he kept his choice lumber and stored the old pieces of furniture left on his hands. One of the young workmen he employed was a Czech, and he and Rosicky became fast friends. They persuaded Loeffler to let them have a sleeping-room in one corner of the loft. They bought good beds and bedding and had their pick of the furniture kept up there.[99] The loft was low-pitched, but light and airy, full of windows, and

---

그리고 여자들에게는 상당량의 돈을 써버렸다.

96 chum: 친구, 동료.

97 dog fight: 난투극.

98 most of it to order: 대부분은 맞춤형으로.

99 They ~ had their pick of the furniture kept up there.: pick이 "엄선된 것"이라는 의미에서, "최상품의 가구를 그곳(다락방)에다 들여놓다."

good-smelling by reason of the fine lumber put up there to season. Old Loeffler used to go down to the docks and buy wood from South America and the East from the sea captains. The young men were as foolish about their house as a bridal pair.[100] Zichec, the young cabinet-maker, devised every sort of convenience, and Rosicky kept their clothes in order. At night and on Sundays, when the quiver of machinery underneath was still, it was the quietest place in the world, and on summer nights all the sea winds blew in. Zichec often practised on his flute in the evening. They were both fond of music and went to the opera together. Rosicky thought he wanted to live like that for ever.

But as the years passed, all alike,[101] he began to get a little restless. When spring came round, he would begin to feel fretted, and he got to drinking.[102] He was likely to drink too much of a Saturday night. On Sunday he was languid and heavy, getting over his spree.[103] On Monday he plunged into work[104] again. So he never had time to figure out what ailed him, although he knew something did.[105] When the grass turned green in Park Place, and the lilac hedge at the back of Trinity churchyard put out its blossoms, he was tormented by a longing to run away.

---

100 The young men(지첵과 로시츠키를 가리킴) ~ as a bridal pair.: 두 젊은이는 집을 꾸미는 일에 있어서는 신혼부부인양 적극성을 띠었다.

101 all alike: 누구에게라도 그렇듯.

102 got to drink: 술에 빠져들다.

103 getting over his spree: 그가 술에서 깨어나는 동안. 반대로 go on a spree는 "실컷 마시다"의 뜻.

104 plunged into work: 일에 전념하다.

105 something did: 여기서 did는 ailed him을 대신하는 대동사로, "무엇인가가 자신을 괴롭게 만들고 있다."

That was why he drank too much; to get a temporary illusion of freedom and wide horizons.

Rosicky, the old Rosicky,[106] could remember as if it were yesterday the day when the young Rosicky found out what was the matter with him. It was on a Fourth of July[107] afternoon, and he was sitting in Park Place in the sun. The lower part of New York was empty. Wall Street, Liberty Street, Broadway, all empty. So much stone and asphalt with nothing going on, so many empty windows. The emptiness was intense, like the stillness in a great factory when the machinery stops and the belts and bands cease running. It was too great a change, it took all the strength out of one. Those blank buildings, without the stream of life pouring through them, were like empty jails. It struck young Rosicky that this was the trouble with big cities;[108] they built you in from the earth itself, cemented you away from any contact with the ground. You lived in an unnatural world, like the fish in an aquarium, who were probably much more comfortable

---

106 Rosicky, the old Rosicky: 이젠 나이가 든 로시츠키. 이 부분은 나이가 든 로시츠키가 자신의 젊은 시절을 회고하는 형식으로 되어 있기 때문에 이러한 식으로 기술되고 있다.

107 a Fourth of July: 7월 4일로 이 날은 미국의 독립기념일임.

108 젊은 시절 로시츠키는 몇 년 동안 뉴욕이라는 대도시에서 마음껏 향락을 추구하는 삶을 살고 있었는데, 어느 날부터 그는 인생에 대한 공허감을 느끼기 시작한다. 하지만 그는 처음엔 그 원인을 정확히 알지 못한다. 그러던 중 그는 미국의 독립기념일을 맞아 도시의 텅 빈 거리를 보면서 문득 자신의 공허감이 자연과 차단된 삶에서 기인한 것이라는 인식을 하게 된다. 이렇듯 로시츠키가 느끼는 인생의 공허감이란 결국은 도시에서의 시멘트 포장도로와 시멘트 건물로 인해 땅과의 접촉이 완전히 차단된 결과로 인한 것이었다. 역자는 이 부분(It struck young Rosicky that~)부터 구문이 끝나는 마지막 부분(~ than they ever were in the sea.)까지를 이탤릭체로 번역해서 로시츠키의 각성을 강조하려 했다.

than they ever were in the sea.

On that very day he began to think seriously about the articles he had read in the Bohemian papers, describing prosperous Czech farming communities in the West. He believed he would like to go out there as a farm hand; it was hardly possible that he could ever have land of his own. His people had always been workmen, his father and grandfather had worked in shops. His mother's parents had lived in the country, but they rented their farm and had a hard time to get along. Nobody in his family had ever owned any land, —that belonged to a different station of life altogether.[109] Anton's mother died when he was little, and he was sent into the country to her parents. He stayed with them until he was twelve, and formed those ties with the earth and the farm animals and growing things which are never made at all unless they are made early. After his grandfather died, he went back to live with his father and stepmother, but she was very hard on him,[110] and his father helped him to get passage to London.

After that Fourth of July day in Park Place, the desire to return to the country never left him. To work on another man's farm would be all he asked; to see the sun rise and set and to plant things and watch them grow.[111] He was a very simple man. He

---

109 that belong to a different station of life altogether: 삶의 종착지가 어디든.
110 she was very hard on him.: 그를 모질게 대했다.
111 To work on another man's farm~ watch them grow.: "해가 뜨고 해가 지는 것을 바라보고 식물을 심고 그것들이 자라나는 것을 지켜보기 위해서는 다른 사람의 농장에서 일을 하는 것이 자신이 할 수 있는 최선의 방법이리라." 이 부분은 로시츠키가 도시

was like a tree that has not many roots, but one tap-root that goes down deep. He subscribed for a Bohemian paper printed in Chicago, then for one printed in Omaha. His mind got farther and farther west. He began to save a little money to buy his liberty. When he was thirty-five, there was a great meeting in New York of Bohemian athletic societies, and Rosicky left the tailor shop and went home with the Omaha delegates to try his fortune in another part of the world.[112]

생활의 공허감이 자연과의 접촉이 차단된 결과로 보고 시골에서의 삶이 그러한 공허감을 해소시킬 수 있는 실체적인 방안임을 인식하는 문장으로 번역문에서는 이탤릭체로 강조해 놓았다.

112 to try his fortune in another part of the world: 또 다른 세상에서 자신의 운을 시험하다.

Chapter IV

Perhaps the fact that his own youth was well over[113] before he began to have a family was one reason why Rosicky was so fond of his boys. He had almost a grandfather's indulgence for them. He had never had to worry about any of them—except, just now, a little about Rudolph.[114]

On Saturday night the boys always piled into the Ford,[115] took little Josephine, and went to town to the moving-picture show. One Saturday morning they were talking at the breakfast table about starting early that evening, so that they would have an hour or so to see the Christmas things in the stores before the show began. Rosicky looked down the table.

"I hope you boys ain't disappointed, but I want you to let me have de car tonight. Maybe some of you can go in with[116] de neighbours."

---

113 his own youth was well over: 청년기를 잘 보내다.
114 a little about Rudolph: 루돌프에 대해서는 조금 걱정을 했다는 뜻.
115 the Ford: 포드 자동차, 1908년 양산되기 시작했다.
116 go in with: 참가하다, 제휴하다, 여기서는 얻어 타고 가다, 혹은 신세를 지다의 의미.

Their faces fell.[117] They worked hard all week, and they were still like children. A new jack-knife or a box of candy pleased the older ones as much as the little fellow.

"If you and mother are going to town," Frank said, "maybe you could take a couple of us along with you[118], anyway."

"No, I want to take de car down to Rudolph's, and let him an' Polly go in to de show. She don't git into town enough, an' I'm afraid she's gettin' lonely some, an' he can't afford no car yet."[119]

That settled it.[120] The boys were a good deal dashed. Their father took another piece of apple-cake and went on: "Maybe next Saturday night de two little fellers can go along wid dem."

"Oh, is Rudolph going to have the car every Saturday night?"

Rosicky did not reply at once; then he began to speak seriously: "Listen, boys; Polly ain't lookin' so good. I don't like to see nobody lookin' sad. It comes hard fur a town girl to be a farmer's wife. I don't want no trouble to start in Rudolph's family. When it starts, it ain't so easy to stop. An American girl don't git used to our ways all at once. I like to tell Polly she and Rudolph can have the car every Saturday night till after New Year's, if it's all right with you boys."[121]

---

117 Their faces fell.: 실망으로 인해 낯빛이 변했다.
118 take a couple of us along with you: 우리들 중 한두 명을 데리고 가다.
119 an'(and) he can't afford no(any) car yet: 아직 자동차를 살 여유가 없다.
120 That settled it.: 그것으로 얘기는 끝났다.

"Sure, it's all right, papa," Mary cut in. "And it's good you thought about that. Town girls is used to more than country girls. I lay awake nights, scared she'll make Rudolph discontented with the farm."

The boys put as good a face on it as they could.[122] They surely looked forward to their Saturday nights in town. That evening Rosicky drove the car the half-mile down to Rudolph's new, bare little house.[123]

Polly was in a short-sleeved gingham dress,[124] clearing away the supper dishes. She was a trim, slim little thing, with blue eyes and shingled yellow hair, and her eyebrows were reduced to a mere brush-stroke, like Miss Pearl's.

"Good-evening, Mr. Rosicky.[125] Rudolph's at the barn, I guess." She never called him father, or Mary mother. She was sensitive about having married a foreigner. She never in the world would have done it if Rudolph hadn't been such a handsome, persuasive fellow and such a gallant lover.[126] He had graduated in her class in the high school in town, and their

---

121 if it's all right with you boys.: 물론 너희들이 괜찮다면 말이다.
122 put as good a face on it as they could: 가급적 안색을 좋게 유지하려고 애쓰다.
123 bare little house: 작고 소박한 집.
124 gingham dress: 줄무늬가 있는 면 드레스.
125 Mr. Rosicky: 로시츠키 영감의 며느리인 폴리는 시아버지에 대해 "아버님"이라 부르지 않고 Mr. 즉 "어르신"이라고 부르는데, 이는 미국도시출신의 젊은 여성이 체코로부터 이주해 온 시골이주민 가족과 쉽게 융화되지 못하는 심리적인 거리감을 드러내주는 호칭이다.
126 a gallant lover: 적극적인 구혼자.

friendship began in the ninth grade.

Rosicky went in, though he wasn't exactly asked.[127] "My boys ain't goin' to town tonight, an' I brought de car over fur you two to go in to de picture show."

Polly, carrying dishes to the sink, looked over her shoulder at him.[128] "Thank you. But I'm late with my work tonight, and pretty tired. Maybe Rudolph would like to go in with you."

"Oh, I don't go to de shows! I'm too old-fashioned. You won't feel so tired after you ride in de air a ways. It's a nice clear night, an' it ain't cold. You go an' fix yourself up,[129] Polly, an' I'll wash de dishes an' leave everything nice fur you."

Polly blushed and tossed her bob. "I couldn't let you do that, Mr. Rosicky, I wouldn't think of it."

Rosicky said nothing. He found a bib apron[130] on a nail behind the kitchen door. He slipped it over his head and then took Polly by her two elbows and pushed her gently toward the door of her own room. "I washed up de kitchen many times for my wife, when de babies was sick or somethin'. You go an' make yourself look nice. I like you to look prettier'n[131] any of

---

127 though he wasn't exactly asked.: "딱히 들어오라는 청을 받진 못했지만,"
128 looked over her shoulder at him: 어깨 너머로 그를 바라보았다.
129 fix yourself up: 몸단장을 하다.
130 a bib apron: 가슴받이가 달린 앞치마.
131 prettier'n: prettier than.

dem town girls when you go in.[132] De young folks must have some fun, an' I'm goin' to look out fur you, Polly."

That kind, reassuring grip on her elbows, the old man's funny bright eyes, made Polly want to drop her head on his shoulder for a second. She restrained herself, but she lingered in his grasp at the door of her room, murmuring tearfully: "You always lived in the city when you were young, didn't you? Don't you ever get lonesome out here?"[133]

As she turned round to him, her hand fell naturally into his,[134] and he stood holding it and smiling into her face with his peculiar, knowing, indulgent smile without a shadow of reproach in it. "Dem big cities is all right fur de rich, but dey is terrible hard fur de poor."[135]

"I don't know. Sometimes I think I'd like to take a chance.[136] You lived in New York, didn't you?"

---

132 when you go in: 읍내에 갔을 때.

133 out here: 이렇게 외진 시골에서.

134 her hand fell naturally into his: "그녀의 손은 자연스럽게 그의 손에 들어가 있었는데,"의 뜻.

135 Dem big cities is all right fur de rich, but dey is terrible hard fur de poor.: 이 부분은 유독 비문법적인 문장으로 이주민인 로시츠키 영감이 영어에 서툴다는 점이 부각되는 부분이다. 이는 며느리가 순수 미국인이고 고등학교까지 졸업한 여성임을 고려할 때 그의 서툰 영어는 두드러질 수밖에 없다. 이를 올바른 영어로 다시 쓰면, "Those big cities are all right for the rich, but they are terrible hard for the poor."이다. 로시츠키 영감에게 대도시는 인정이라곤 찾아볼 수 없고 경제적으로도 살기 힘든 그야말로 삭막한 공간이다. 이에 반해 그에게 시골은 인정이 넘치며 풍족하진 않지만, 그래도 적으나마 현재 가지고 있는 것에 만족하면 행복한 삶을 추구할 수 있는 공간이 된다.

136 take a chance: 새로운 기회를 잡다.

"An' London. Da's bigger still. I learned my trade dere.[137] Here's Rudolph comin', you better hurry."

"Will you tell me about London some time?"

"Maybe. Only I ain't no talker, Polly. Run an' dress yourself up."

The bedroom door closed behind her, and Rudolph came in from the outside, looking anxious. He had seen the car and was sorry any of his family should come just then. Supper hadn't been a very pleasant occasion. Halting in the doorway, he saw his father in a kitchen apron, carrying dishes to the sink. He flushed crimson and something flashed in his eye. Rosicky held up a warning finger.[138]

"I brought de car over fur you an' Polly to go to de picture show, an' I made her let me finish here so you won't be late. You go put on a clean shirt, quick!"

"But don't the boys want the car, Father!"

"Not tonight dey don't." Rosicky fumbled under his apron and found his pants pocket. He took out a silver dollar and said in a hurried whisper: "You go an' buy dat girl some ice cream an' candy tonight, like you was courtin'. She's awful good friends

---

137 dere: there.
138 held up a warning finger: 손가락을 들어 진정시키다.

wid me."

Rudolph was very short of cash,[139] but he took the money as if it hurt him. There had been a crop failure all over the county. He had more than once been sorry he'd married this year.

In a few minutes the young people came out, looking clean and a little stiff. Rosicky hurried them off, and then he took his own time with the dishes. He scoured the pots and pans and put away the milk and swept the kitchen. He put some coal in the stove and shut off the draughts, so the place would be warm for them when they got home late at night. Then he sat down and had a pipe and listened to the clock tick.

Generally speaking, marrying an American girl was certainly a risk. A Czech should marry a Czech. It was lucky that Polly was the daughter of a poor widow woman; Rudolph was proud, and if she had a prosperous family to throw up[140] at him, they could never make it go.[141] Polly was one of four sisters, and they all worked; one was book-keeper in the bank, one taught music, and Polly and her younger sister had been clerks, like Miss Pearl. All four of them were musical, had pretty voices, and sang in the Methodist choir, which the eldest sister directed.

Polly missed the sociability of a store position. She missed the choir, and the company of her sisters. She didn't dislike

139 be short of: ~이 부족하다.
140 throw up: 불평을 늘어놓다.
141 make it go: 순탄하게 살아가다.

housework, but she disliked so much of it. Rosicky was a little anxious about this pair. He was afraid Polly would grow so discontented that Rudy would quit the farm and take a factory job in Omaha. He had worked for a winter up there, two years ago, to get money to marry on. He had done very well, and they would always take him back at the stockyards. But to Rosicky that meant the end of everything for his son. To be a landless man was to be a wage-earner, a slave, all your life; to have nothing, to be nothing.[142]

Rosicky thought he would come over and do a little carpentering for Polly after the New Year. He guessed she needed jollying. Rudolph was a serious sort of chap, serious in love and serious about his work.

Rosicky shook out his pipe and walked home across the fields. Ahead of him the lamplight shone from his kitchen windows. Suppose he were still in a tailor shop on Vesey Street,[143] with a bunch of pale, narrow-chested sons working on machines, all coming home tired and sullen to eat supper in a kitchen that was

---

142 To be a landless man ~ to have nothing, to be nothing.: 이 부분은 로시츠키 영감의 가치관이 잘 드러나는 문장으로, 그는 땅을 잃게 되면 모든 것을 다 잃게 되는 것이고, 또 그렇게 되면 사람다운 사람도 되지 못한다는 신념을 지니고 있다. 역자는 이 부분을 번역문에서 이탤릭체로 강조해 놓았다.

143 Suppose he were still ~ on Vesey Street,: 로시츠키 영감은 아들내외 집에서 설거지를 해주고 근처에 있는 자신의 집으로 향하게 되는데, 이때 그는 부엌의 창문으로부터 새어 나오는 호롱불 빛을 보며 과거 자신이 살았던 도시의 힘겨웠던 생활을 떠올려 본다. 이 부분부터 구문이 끝나는 마지막 문장까지 역자는 이탤릭체로 표기하면서 로시츠키 영감이 플래시백의 기법으로 과거와 현재의 삶을 동시에 비교하는 상황을 강조하고자 했다.

a parlour also;[144] with another crowded, angry family quarrelling just across the dumb-waiter shaft,[145] and squeaking pulleys at the windows where dirty washings hung on dirty lines above a court full of old brooms and mops and ash-cans···

He stopped by the windmill to look up at the frosty winter stars and drew a long breath before he went inside. That kitchen with the shining window was dear to him; but the sleeping fields and bright stars and the noble darkness were dearer still.

144 a kitchen that was a parlour also: 거실과 겸용으로 쓰는 부엌.
145 the dumb-waiter shaft,: (식품, 식기 등의) 운반용 승강기 통로.

Chapter V

On the day before Christmas the weather set in very cold; no snow, but a bitter, biting wind that whistled and sang over the flat land and lashed one's face like fine wires.[146] There was baking going on[147] in the Rosicky kitchen all day, and Rosicky sat inside, making over a coat that Albert had outgrown into an overcoat for John. Mary had a big red geranium in bloom for Christmas, and a row of Jerusalem cherry trees,[148] full of berries. It was the first year she had ever grown these; Doctor Ed brought her the seeds from Omaha when he went to some medical convention. They reminded Rosicky of plants he had seen in England; and all afternoon, as he stitched, he sat thinking about those two years in London, which his mind usually shrank from even after all this while.[149]

---

146 lashed one's face like fine wires: 가는 철사로 때리듯 얼굴에 부딪치다. 이 문장에서 lashed와 앞의 whistled와 sang은 모두 관계대명사 that에 걸리는 동사로 a bitter, biting wind를 수식한다.

147 baking going on: 빵이 구워지고 있다.

148 Jerusalem cherry trees: 옥천앵두(원산지는 남아메리카 브라질이며 산호처럼 아름답다고 하여 옥산호, 동산호라고도 함. 높이가 1m 정도로 가지가 많이 분지되어 덩굴처럼 자란다. 열매는 구슬크기의 초록색으로 달리며 주홍색으로 익는다.)

149 which his mind ~ even after all this while.: 관계대명사 which는 앞의 those two years를 수식해주는 형용사절을 이끄는데, 이 문장의 의미는 심지어 이렇게 많은 시간

He was a lad of eighteen when he dropped down into London, with no money and no connections except the address of a cousin who was supposed to be working at a confectioner's.[150] When he went to the pastry shop,[151] however, he found that the cousin had gone to America. Anton tramped the streets for several days, sleeping in doorways and on the Embankment, until he was in utter despair.[152] He knew no English, and the sound of the strange language all about him confused him. By chance[153] he met a poor German tailor who had learned his trade in Vienna, and could speak a little Czech. This tailor, Lifschnitz, kept a repair shop[154] in a Cheapside basement, underneath a cobbler. He didn't much need an apprentice, but he was sorry for[155] the boy and took him in for no wages but his keep and what he could pick up.[156] The pickings were supposed to be coppers given you when you took work home to a customer. But most of the customers called for their clothes themselves,[157] and the coppers that came Anton's way were very few. He had, however, a place to sleep. The tailor's family lived upstairs in three rooms; a kitchen, a bedroom, where Lifschnitz and his wife and five children slept, and a living-room. Two corners of this living room

---

이 지났는데도, "여전히 마음을 움츠러들게 만드는 런던에서의 2년 동안의 생활."이다.

150 confectioner's: 과자제조업체.
151 pastry shop: 과자가게.
152 until he was in utter despair: "마침내 큰 절망에 빠지게 되었다."
153 By chance: 우연히.
154 repair shop: 수선가게.
155 be sorry for: 안타깝게 여기다.
156 took him in for no wages but his keep and what he could pick up: "임금은 없지만 숙식을 해결해주고 일거리를 가져다 줄 때 생기는 부수입을 넘겨주는 조건으로 그를 받아들여 주었다."
157 called for ~ themselves: 자신들이 직접 찾아가다.

were curtained off for lodgers; in one Rosicky slept on an old horsehair sofa, with a feather quilt to wrap himself in.[158] The other corner was rented to a wretched, dirty boy, who was studying the violin. He actually practised there. Rosicky was dirty, too. There was no way to be anything else.[159] Mrs. Lifschnitz got the water she cooked and washed with from a pump in a brick court, four flights down. There were bugs in the place, and multitudes of fleas, though the poor woman did the best she could. Rosicky knew she often went empty[160] to give another potato or a spoonful of dripping to the two hungry, sad-eyed boys who lodged with her. He used to think he would never get out of there,[161] never get a clean shirt to his back again. What would he do, he wondered, when his clothes actually dropped to pieces and the worn cloth wouldn't hold patches any longer?

It was still early when the old farmer put aside his sewing and his recollections. The sky had been a dark grey all day, with not a gleam of sun, and the light failed at four o'clock.[162] He went to shave and change his shirt while the turkey was roasting. Rudolph and Polly were coming over for supper.

After supper they sat round in the kitchen, and the younger boys were saying how sorry they were it hadn't snowed.

---

158 with a feather quilt to wrap himself in: "깃털이불을 몸에 두르고."
159 There was no way to be anything else.: 그곳에서는 깔끔한 사람이 되기란 불가능했다.
160 She often went empty: 그녀는 종종 굶기도 했다.
161 get out of there: 그곳을 벗어나다.
162 the light failed at four o'clock: "4시 경엔 그나마 환한 빛마저 사라졌다."

Everybody was sorry. They wanted a deep snow[163] that would lie long and keep the wheat warm, and leave the ground soaked when it melted.

"Yes, sir!" Rudolph broke out[164] fiercely; "if we have another dry year like last year, there's going to be hard times in this country."

Rosicky filled his pipe. "You boys don't know what hard times is. You don't owe nobody, you got plenty to eat an' keep warm, an' plenty water to keep clean. When you got them, you can't have it very hard."

Rudolph frowned, opened and shut his big right hand, and dropped it clenched upon his knee. "I've got to have a good deal more than that, father, or I'll quit this farming gamble. I can always make good wages railroading, or at the packing house, and be sure of my money."

"Maybe so," his father answered dryly.

Mary, who had just come in from the pantry and was wiping her hands on the roller towel, thought Rudy and his father were getting too serious. She brought her darning-basket and sat down in the middle of the group.

---

163 deep snow: 함박눈.
164 broke out: 불쑥 말을 하기 시작했다.

"I ain't much afraid of hard times, Rudy,"[165] she said heartily. "We've had a plenty, but we've always come through.[166] Your father wouldn't never take nothing very hard, not even hard times. I got a mind to tell you a story on him. Maybe you boys can't hardly remember the year we had that terrible hot wind, that burned everything up on the Fourth of July?[167] All the corn an' the gardens. An' that was in the days when we didn't have alfalfa[168] yet, —I guess it wasn't invented.[169]

"Well, that very day your father was out cultivatin' corn, and I was here in the kitchen makin' plum preserves. We had bushels of plums that year. I noticed it was terrible hot, but it's always hot in the kitchen when you're preservin,' an' I was too busy with my plums to mind. Anton come in from the field about three o'clock, an' I asked him what was the matter.

" 'Nothin',' he says, 'but it's pretty hot an' I think I won't work no more today.' He stood round for a few minutes, an' then he says: 'Ain't you near through?[170] I want you should git up a nice supper for us tonight. It's Fourth of July.'

"I told him to git along, that I was right in the middle of preservin,' but the plums would taste good on hot biscuit. 'I'm

---

165 Rudy: 큰 아들 Rudolph의 애칭.
166 come through: 잘 견디다. 이겨내다.
167 the Fourth of July: 7월 4일로 이 날은 미국의 독립기념일임.
168 alfalfa: 우리말로는 '자주개자리'로 기후에 따라 3년에서 12년까지 생존하는 여러해살이 사료용 식물.
169 I guess it wasn't invented.: "근거가 없는 얘기가 아니라 실제로도 그랬다."
170 Ain't you near through?: 하고 있는 일이 "아직 멀었느냐?"는 의미.

goin' to have fried chicken, too,' he says, and he went off an' killed a couple.[171] You three oldest boys was little fellers, playin' round outside, real hot an' sweaty, an' your father took you to the horse tank down by the windmill an' took off your clothes an' put you in. Them two box-elder trees were little then, but they made shade over the tank. Then he took off all his own clothes, an' got in with you. While he was playin' in the water with you, the Methodist preacher drove into our place to say how all the neighbours was going' to meet at the schoolhouse that night, to pray for rain. He drove right to the windmill, of course, and there was your father and you three with no clothes on.[172] I was in the kitchen door, an' I had to laugh, for the preacher acted like he ain't never seen a naked man before. He surely was embarrassed, an' your father couldn't git to his clothes; they was all hangin' up on the windmill to let the sweat dry out of 'em. So he laid in the tank where he was, an' put one of you boys on top of him to cover him up a little, an' talked to the preacher.

"When you got through playin' in the water, he put clean clothes on you and a clean shirt on himself, an' by that time I'd begun to get supper. He says: 'It's too hot in here to eat comfortable. Let's have a picnic in the orchard. We'll eat our supper behind the mulberry hedge,[173] under them linden trees.'[174]

"So he carried our supper down, an' a bottle of my wild-grape

---

171 an'(and) killed a couple: "그런 다음 닭을 두 마리 잡았다."
172 with no clothes on: 아무런 옷도 걸치지 않은 채.
173 the mulberry hedge: 뽕나무 울타리.
174 linden trees: 참피나무, 보리수나무.

wine, an' everything tasted good, I can tell you. The wind got cooler as the sun was goin' down, and it turned out pleasant, only I noticed how the leaves was curled up[175] on the linden trees. That made me think, an' I asked your father if that hot wind all day hadn't been terrible hard on the gardens an' the corn.

" 'Corn,' he says, 'there ain't no corn.'

" 'What you talkin' about?' I said. 'Ain't we got forty acres?"

" 'We ain't got an ear,'[176] he says, 'nor nobody else ain't got none. All the corn in this country was cooked by three o'clock today, like you'd roasted it in an oven.'

" 'You mean you won't get no crop at all?' I asked him. I couldn't believe it, after he'd worked so hard.

" 'No crop this year,' he says. 'That's why we're havin' a picnic. We might as well enjoy what we got.'[177]

"An' that's how your father behaved, when all the neighbours was so discouraged they couldn't look you in the face. An' we enjoyed ourselves that year, poor as we was,[178] an' our

---

175 the leaves was(were) curled up: 나뭇잎이 다 오그라들어 있었다.
176 we ain't got an ear.: we can't get an ear로 "옥수수는 한 알도 수확하지 못할 것이다."는 의미.
177 what we got: 현재 갖고 있는 것만으로.
178 poor as we was(were): though we were poor의 의미.

neighbours wasn't a bit better off for bein' miserable. Some of 'em[179] grieved till they got poor digestions and couldn't relish what they did have."

The younger boys said they thought their father had the best of it.[180] But Rudolph was thinking that, all the same, the neighbours had managed to get ahead more, in the fifteen years since that time. There must be something wrong about his father's way of doing things. He wished he knew what was going on in the back of Polly's mind. He knew she liked his father, but he knew, too, that she was afraid of something. When his mother sent over coffee-cake or prune tarts[181] or a loaf of fresh bread, Polly seemed to regard them with a certain suspicion. When she observed to him that his brothers had nice manners, her tone implied that it was remarkable they should have. With his mother she was stiff and on her guard. Mary's hearty frankness and gusts of good humour irritated her. Polly was afraid of being unusual or conspicuous in any way, of being 'ordinary' as she said!

When Mary had finished her story, Rosicky laid aside his pipe.

"You boys like me to tell you about some of dem hard times I been through in London?" Warmly encouraged, he sat rubbing his forehead along the deep creases. It was bothersome to tell a long story in English (he nearly always talked to the boys in

---

179 'em: them.

180 The younger boys said they thought their father had the best of it: 어린아이들은 아버지가 이웃보다 상황을 더 잘 대처한 것 같다고 말했다.

181 prune tarts: 자두파이

Czech), but he wanted Polly to hear this one.[182]

"Well, you know about dat tailor shop I worked in in London? I had one Christmas dere I ain't never forgot. Times was awful bad before Christmas; de boss ain't got much work, an' have it awful hard to pay his rent. It ain't so much fun, bein' poor in a big city like London, I'll say! All de windows is full of good t'ings to eat, an' all de pushcarts in de streets is full, an' you smell 'em all de time, an' you ain't got no money, —not a damn bit.[183] I didn't mind de cold so much, though I didn't have no overcoat, chust a short jacket I'd outgrowed so it wouldn't meet on[184] me, an' my hands was chapped raw. But I always had a good appetite, like you all know, an' de sight of dem pork pies in de windows was awful fur me!

"Day before Christmas was terrible foggy dat year, an' dat fog gits into your bones[185] and makes you all damp like. Mrs. Lifschnitz didn't give us nothin' but a little bread an' drippin' for supper, because she was savin' to try for to give us a good dinner on Christmas Day. After supper de boss say I go an' enjoy myself, so I went into de streets to listen to de Christmas singers. Dey[186] sing old songs an' make very nice music, an' I run round after dem a good ways, till I got awful hungry. I t'ink maybe if I go home, I can sleep till morning an' forgit[187] my

182 this one: 자기가 지금 하려고 하는 이야기.
183 not a damn bit: 그야말로 땡전 한 푼 없다.
184 meet on: 몸에 맞다.
185 an'(and) dat(that) fog gits(gets) into your bones: 안개가 뼛속까지 스며들었다.
186 Dey: They.
187 forgit: forget.

belly.

"I went into my corner real quiet, and roll up in my fedder[188] quilt. But I ain't got my head down, till I smell somet'ing good. Seem like it git stronger an' stronger, an' I can't git to sleep noway. I can't understand dat[189] smell. Dere[190] was a gas light in a hall across de court, dat always shine in at my window a little. I got up an' look round. I got a little wooden box in my corner fur a stool, 'cause I ain't got no chair. I picks up dat box, and under it dere is a roast goose on a platter! I can't believe my eyes. I carry it to de window where de light comes in, an' touch it and smell it to find out, an' den[191] I taste it to be sure. I say, I will eat chust one little bite of dat goose, so I can go to sleep, and tomorrow I won't eat none at all. But I tell you, boys, when I stop, one half of dat goose was gone!"

The narrator bowed his head, and the boys shouted. But little Josephine slipped behind his chair and kissed him on the neck beneath his ear.

"Poor little Papa, I don't want him to be hungry!"

"Da's long ago, child. I ain't never been hungry since I had your mudder[192] to cook fur me."

---

188 fedder: feather.
189 dat: that.
190 dere: There.
191 den: then.
192 mudder: mother.

"Go on and tell us the rest, please,"[193] said Polly.

"Well, when I come to realize what I done, of course, I felt terrible. I felt better in de stomach, but very bad in de heart. I set on my bed wid dat platter on my knees, an' it all come to me how hard dat poor woman save to buy dat goose, and how she got some neighbours to cook it dat got more fire, an' how she put it in my corner to keep it away from dem[194] hungry children. Dere was a old carpet hung up to shut my corner off, an' de children wasn't allowed to go in dere. An' I know she put it in my corner because she trust me more'n[195] she did de violin boy. I can't stand it to face[196] her after I spoil de Christmas. So I put on my shoes and go out into de city. I tell myself I better throw myself in de river; but I guess I ain't dat kind of a boy.

"It was after twelve o'clock, an' terrible cold, an' I start out to walk about London all night. I walk along de river awhile, but dey was lots of drunks all along;[197] men, and women too. I chust move along to keep away from de police. I git onto de Strand, an' den over to New Oxford Street, where dere was a big German restaurant on de ground floor, wid big windows all fixed up fine, an' I could see de people havin' parties inside. While I was lookin' in, two men and two ladies come out, laughin' and talkin' and feelin' happy about all dey been eatin' an' drinkin',

193 "Go on and tell us the rest, please.": "어서 빨리 나머지 부분도 이야기해주세요."
194 dem: them의 뜻이나, 여기서는 the로 보는 것이 타당함.
195 more'n: more than.
196 I can't stand it to face: 얼굴을 똑바로 쳐다볼 수 없다.
197 but dey(there) was(Were) lots of drunks all along: 강둑엔 술주정뱅이들로 가득했다.

and dey was speakin' Chzech, —not like de Austrians, but like de home folks talk it.[198]

"I guess I went crazy, an' I done what I ain't never done before nor since. I went right up to dem gay people an' begun to beg dem: "Fellow countrymen, for God's sake give me money enough to buy a goose!"

"Dey laugh, of course, but de ladies speak awful kind to me, an' dey take me back into de restaurant and give me hot coffee and cakes, an' make me tell all about how I happened to come to London, an' what I as doin' dere. Dey take my name and where I work down on paper, an' both of dem ladies give me ten shillings.

"De big market at Covent Garden ain't very far away, an' by dat time it was open. I go dere an' buy a big goose an' some pork pies, an' potatoes and onions, an' cakes an' oranges fur de children, —all I could carry! When I git home, everybody is still asleep. I pile all I bought on de kitchen table, an' go in an' lay down on my bed, an I ain't waken up till I hear dat woman scream when she come out into her kitchen. My goodness, but she was surprise! She laugh an' cry at de same time, an' hug me and waken all de children. She ain't stop fur no breakfast; she git de Christmas dinner ready dat morning, and we all sit down an' eat all we can hold. I ain't never seen dat violin boy have all he

198 not like de(the) Austrians, but like de(the) home folks talk it: 오스트리아 인들이 쓰는 말이 아니라 본국인들이 쓰는 그대로의 체코어.

can hold before.

"Two-three days after dat, de two men come to hunt me up,[199] an' dey ask my boss, and he give me a good report an' tell dem I was a steady boy all right. One of dem Bohemians was very smart an' run a Bohemian newspaper in New York, an' de odder[200] was a rich man, in de importing business, an' dey been traveling togedder.[201] Dey told me how t'ings was easier in New York, an' offered to pay my passage when dey was goin' home soon on a boat. My boss say to me: 'You go. You ain't got no chance here, an' I like to see you git ahead,[202] fur you always been a good boy to my woman, and fur dat fine Christmas dinner you give us all.' An' da's how I got to New York."

That night when Rudolph and Polly, arm in arm,[203] were running home across the fields with the bitter wind at their backs, his heart leaped for joy when she said she thought they might have his family come over for supper on New Year's Eve. "Let's get up a nice supper, and not let your mother help at all; make her be company for once."

"That would be lovely of you, Polly," he said humbly. He was a very simple, modest boy, and he, too, felt vaguely that Polly and her sisters were more experienced and worldly than his people.

---

199 come to hunt me up: 나를 찾아 왔다.
200 de odder: the other.
201 togedder: together.
202 an'(and) I like to see you git ahead.: 잘 되는 모습을 보고 싶다.
203 arm in arm: 팔짱을 끼고.

Chapter VI

The winter turned out badly for farmers. It was bitterly cold, and after the first light snows before Christmas there was no snow at all, —and no rain. March was as bitter as February. On those days when the wind fairly punished the country, Rosicky sat by his window. In the fall he and the boys had put in a big wheat planting, and now the seed had frozen in the ground. All that land would have to be ploughed up and planted over again, planted in corn. It had happened before, but he was younger then, and he never worried about what had to be. He was sure of himself and of Mary; he knew they could bear what they had to bear, that they would always pull through[204] somehow. But he was not so sure about the young ones, and he felt troubled because Rudolph and Polly were having such a hard start.

Sitting beside his flowering window while the panes rattled and the wind blew in under the door, Rosicky gave himself to reflection[205] as he had not done since those Sundays in the loft of the furniture factory in New York, long ago. Then he was

---

204 pull through: 이겨내다.
205 gave himself to reflection: 명상을 하게 되었다.

trying to find what he wanted in life for himself; now he was trying to find what he wanted for his boys, and why it was he so hungered to feel sure they would be here,[206] working this very land, after he was gone.[207]

They would have to work hard on the farm, and probably they would never do much more than make a living. But if he could think of them as staying here on the land, he wouldn't have to fear any great unkindness for them. Hardships, certainly; it was a hardship to have the wheat freeze in the ground when seed was so high; and to have to sell your stock[208] because you had no feed. But there would be other years when everything came along right, and you caught up.[209] And what you had was your own. You didn't have to choose between bosses and strikers, and go wrong either way. You didn't have to do with[210] dishonest and cruel people. They were the only things in his experience he had found terrifying and horrible: the look in the eyes of a dishonest and crafty man, of a scheming and rapacious woman.

In the country, if you had a mean neighbour, you could keep off his land[211] and make him keep off yours.[212] But in the city, all

---

206 why it was he hungered to feel sure they would be here: 그들이 이곳에 계속 살기를 자신이 바라는 이유가 무엇인지를.
207 after he was gone: 자신이 죽은 후에도.
208 to have to sell your stock: to have는 세미콜론(;) 앞의 문장인 it was a hardship을 꾸며주는 to부정사의 형용사적 용법의 문장이다. 따라서 번역하면, "가축을 팔아야 하는 고난도 있을 것이다."의 뜻.
209 you caught up.: 그동안의 손실을 충분히 만회하다.
210 have to do with: 관계를 맺다.
211 keep off his land: 그의 땅에 발을 들여놓지 않다.
212 make him keep off yours: 그를 멀리하다.

the foulness and misery and brutality of your neighbours was part of your life. The worst things he had come upon[213] in his journey through the world were human, —depraved and poisonous specimens of man. To this day he could recall certain terrible faces in the London streets. There were mean people everywhere, to be sure, even in their own country town here. But they weren't tempered, hardened, sharpened, like the treacherous people in cities who live by grinding or cheating or poisoning their fellow-men. He had helped to bury two of his fellow-workmen in the tailoring trade, and he was distrustful of the organized industries that see one out of the world in big cities. Here, if you were sick, you had Doctor Ed to look after you; and if you died, fat Mr. Haycock, the kindest man in the world, buried you.

It seemed to Rosicky that for good, honest boys like his, the worst they could do on the farm was better than the best they would be likely to do in the city. If he'd had a mean boy, now, one who was crooked and sharp and tried to put anything over on[214] his brothers, then town would be the place for him. But he had no such boy. As for Rudolph, the discontented one, he would give the shirt off his back to[215] anyone who touched his heart. What Rosicky really hoped for his boys was that they could get through the world without ever knowing much about the cruelty of human beings. "Their mother and me ain't prepared them for that,"[216] he

213 come upon: 우연히 만나게 되다.
214 put anything over on: 남을 속이다.
215 give the shirt off his back to: 자신의 모든 것을 내어주다.
216 Their mother and me ~ for that: 여기서 that은 세상 사람들의 잔혹함에 맞서 살아가는 방법을 의미한다. 따라서 우리말로는 "아이들의 엄마나 나는 아이들에게 세상 사

sometimes said to himself.

These thoughts brought him back to a grateful consideration of his own case. What an escape he had had, to be sure! He, too, in his time, had had to take money for repair work from the hand of a hungry child who let it go so wistfully;[217] because it was money due his boss.[218] And now, in all these year, he had never had to take a cent from anyone in bitter need,[219] —never had to look at the face of a woman become like a wolf's from struggle and famine. When he thought of these things, Rosicky would put on his cap and jacket and slip down to the barn and give his work-horses a little extra oats, letting them eat it out of his hand in their slobbery fashion. It was his way of expressing what he felt, and made him chuckle with pleasure.

The spring came warm, with blue skies, —but dry, dry as bone.[220] The boys began ploughing up the wheat-fields to plant them over in corn. Rosicky would stand at the fence corner and watch them, and the earth was so dry it blew up in clouds of brown dust that[221] hid the horses and the sulky plough[222] and the driver. It was a bad outlook.[223]

람들의 잔혹함에 맞서 살아가는 방법을 훈련시키지는 못한 것 같아."가 됨.

217 who let it go so wistfully: 마지못해 그렇게 하는.

218 money due his boss: 사장에게 줄 돈.

219 in bitter need: 곤궁한 처지에 있는.

220 dry as (a) bone: 뼈처럼 바짝 마른, 건조한.

221 the earth was so dry it blew up in clouds of brown dust that: so ~ that의 구문. "땅은 너무나 메말라 있어 갈색의 구름먼지를 일으키면서,"의 뜻.

222 sulky plough: 말 한 필이 끄는 1인승 이륜마차, sulky plow라고도 함.

223 It was a bad outlook.: 전망이 좋지 않았다.

The big alfalfa-field that lay between the home place and Rudolph's came up green, but Rosicky was worried because during that open windy winter a great many Russian thistle plants had blown in there and lodged. He kept asking the boys to rake them out;[224] he was afraid their seed would root and "take the alfalfa."[225] Rudolph said that was nonsense. The boys were working so hard planting corn, their father felt he couldn't insist about the thistles, but he set great store by that big alfalfa-field. It was a feed you could depend on, —and there was some deeper reason, vague, but strong. The peculiar green of that clover woke early memories in old Rosicky, went back to something in his childhood in the old world. When he was a little boy, he had played in fields of that strong blue-green colour.

One morning, when Rudolph had gone to town in the car, leaving a work-team idle in his barn,[226] Rosicky went over to his son's place, put the horses to the buggy-rake, and set about[227] quietly taking up those thistles. He behaved with guilty caution,[228] and rather enjoyed stealing a march on Doctor Ed, who was just then taking his first vacation in seven years of practice and was attending a clinic in Chicago. Rosicky got the thistles raked up, but did not stop to burn them. That would take some time, and his breath was pretty short, so he thought he had better get the horses back to the barn.

---

224 rake them(Russian thistle plants) out: 엉겅퀴를 갈퀴로 걷어내다.
225 "take the alfalfa": "자주개자리 자리를 차지하다."
226 leaving a work-team idle in the barn: 헛간에다 말과 마차 등을 그대로 둔 채.
227 set about: 착수하다, 시작하다.
228 he behaved with guilty caution: "그는 그렇게 하면서도 (의사의 당부를 어긴 것 때문에) 죄의식을 느끼기도 했다."는 의미.

He got them into the barn and to their stalls, but the pain had come on so sharp in his chest that he didn't try to take the harness off. He started for the house, bending lower with every step.[229] The cramp in his chest was shutting him up like a jack-knife. When he reached the windmill, he swayed and caught at the ladder. He saw Polly coming down the hill, running with the swiftness of a slim greyhound. In a flash[230] she had her shoulder under his armpit.

"Lean on me, Father, hard! Don't be afraid. We can get to the house all right."

Somehow they did, though Rosicky became blind with pain; he could keep on his legs, but he couldn't steer his course. The next thing he was conscious of was lying on Polly's bed, and Polly bending over him wringing out bathtowels in hot water and putting them on his chest. She stopped only to throw coal into the stove, and she kept the tea-kettle and the black pot going. She put these hot applications on him for nearly an hour, she told him afterwards, and all that time he was drawn up stiff and blue, with the sweat pouring off him.

As the pain gradually loosed its grip,[231] the stiffness went out of his jaws, the black circles round his eyes disappeared, and a little of his natural colour came back.[232] When his daughter-in-law

---

229 bending lower with every step: 발을 떼어 놓을 때마다 허리는 점점 더 굽어지고 있었다.

230 In a flash: 눈 깜짝할 새에.

231 as the pain gradually loosed its grip,: "고통이 차츰 완화되어 가면서,"

buttoned his shirt over his chest at last, he sighed.

"Da's fine, de way I feel now, Polly. It was a awful bad spell,[233] an' I was so sorry it all came on you like it did."

Polly was flushed and excited. "Is the pain really gone? Can I leave you long enough to telephone over to your place?"

Rosicky's eyelids fluttered. "Don't telephone, Polly. It ain't no use to scare my wife. It's nice and quiet here, an' if I ain't too much trouble to you, just let me lay still till I feel like myself. I ain't got no pain now. It's nice here."

Polly bent over him and wiped the moisture from his face. "Oh, I'm so glad it's over!"[234] she broke out impulsively. "It just broke my heart to see you suffer so, Father."

Rosicky motioned her to sit down on the chair where the tea-kettle had been, and looked up at her with that lively affectionate gleam in his eyes. "You was awful good to me, I won't never forgit dat. I hate it to be sick on you like dis. Down at de barn I say to myself, dat young girl ain't had much experience in sickness, I don't want to scare her, an' maybe she's got a baby comin' or somet'ing."[235]

---

232 his natural color came back: 원래의 피부색으로 돌아오다.
233 It was a(an) awful bad spell.: 끔찍한 발작이었다.
234 "Oh, I am so glad it's over.": "통증이 사라졌다니 다행이에요."
235 maybe she's got a baby commin'(comming) or somet'ing(something): 아이를 가졌는지도 모르고.

Polly took his hand. He was looking at her so intently and affectionately and confidingly; his eyes seemed to caress her face, to regard it with pleasure. She frowned with her funny streaks of eyebrows,[236] and them smiled back at him.

"I guess maybe there is something of that kind going to happen.[237] But I haven't told anyone yet, not my mother or Rudolph. You'll be the first to know."

His hand pressed hers. She noticed that it was warm again. The twinkle in his yellow-brown eyes seemed to come nearer.

"I like mighty well to see dat little child, Polly," was all he said. The he closed his eyes and lay half-smiling. But Polly sat still, thinking hard. She had a sudden feeling that nobody in the world, not her mother, not Rudolph, or anyone, really loved her as much as old Rosicky did. It perplexed her. She sat frowning and trying to puzzle it out. It was as if Rosicky had a special gift for loving people, something that was like an ear for music or an eye for colour. It was quiet, unobtrusive; it was merely there.[238] You saw it in his eye, —perhaps that was why they were merry. You felt it in his hands, too. After he dropped off to sleep, she sat holding his warm, broad, flexible brown hand. She had never seen another in the least like it. She wondered if it wasn't a kind

---

236 She frowned with her funny streaks of eyebrows: 앙증맞게 눈살을 찌푸리다.
237 I guess maybe there is something of that kind going to happen.: 그러한 일이 진행되고 있는 것 같아요. 즉 아이가 들어선 것 같다는 의미임.
238 it was quiet, unobtrusive; it was merely there.: (로시츠키의) 사랑은 은근한 것이지, 유별나게 도드라지는 것은 아니었다. 그저 존재하는 것이었다.

of gipsy hand, it was so alive and quick and light in its communications, —very strange in a farmer.[239] Nearly all the farmers she knew had huge lumps of fist, like mauls, or they were knotty and bony and uncomfortable-looking, with stiff fingers. But Rosicky's was like quicksilver, flexible, muscular, about the colour of a pale cigar, with deep, deep creases across the palm. It wasn't nervous, it wasn't a stupid, lump; it was a warm brown human hand, with some cleverness in it, a great deal of generosity, and something else which Polly could only call "gypsy-like," —something nimble and lively and sure, in the way that animals are.

Polly remembered that hour long afterwards; it had been like an awakening to her.[240] It seemed to her that she had never learned so much about life from anything as from old Rosicky's hand. It brought her to herself;[241] it communicated some direct and untranslatable message.

When she heard Rudolph coming in the car, she ran out to meet him.

"Oh, Rudy, your father's been awful sick! He raked up those thistles he's been worrying about, and afterward he could hardly get to the house. He suffered so I was afraid he was going to die."

---

239 very strange in a farmer: 일반 농부들의 손과는 매우 달랐다는 의미.
240 it had been like an awakening to her.: 그 때는 그녀에겐 일종의 각성의 순간과도 같은 것이었다.
241 it(Rosicky's hand) brought her to herself.: 그 손을 통해 그녀는 자신을 성찰할 수 있었다.

Rudolph jumped to the ground. "Where is he now?"

"On the bed. He's asleep. I was terribly scared, because, you know, I'm so fond of your father." She slipped her arm through his and they went into the house. That afternoon they took Rosicky home and put him to bed, though he protested that he was quite well again.

The next morning he got up and dressed and sat down to breakfast with his family. He told Mary that his coffee tasted better than usual to him, and he warned the boys not to bear any tales to Doctor Ed when he got home. After breakfast he sat down by his window to do some patching and asked Mary to thread several needles for him before she went to feed her chickens, —her eyes were better than his, and her hands steadier. He lit his pipe and took up John's overalls.[242] Mary had been watching him anxiously all morning, and as she went out of the door with her bucket of scraps, she saw that he was smiling. He was thinking, indeed, about Polly, and how he might never have known what a tender heart she had if he hadn't got sick over there. Girls nowadays didn't wear their heart on their sleeve.[243] But now he knew Polly would make a fine woman after the foolishness wore off. Either a woman had that sweetness at her heart or she hadn't. You couldn't always tell by the look of them;[244] but if they had that, everything came out right in the end.[245]

---

242 overalls: 아래위가 이어진 작업바지.

243 Girls nowadays didn't wear their heart on their sleeve.: 요즘 젊은 여성들은 자신들의 생각을 솔직하게 말하지 않는다. 이 부분부터 이 구절의 마지막까지는 로시츠키 영감의 회고의 장면으로 번역문에서는 이탤릭체로 강조해놓았다.

244 you couldn't always tell by the look of them: 외모만 보고 판단되는 것은 아니다.

After he had taken a few stitches, the cramp began in his chest, like yesterday. He put his pipe cautiously down on the window-sill and bent over to ease the pull.[246] No use, —he had better try to get to his bed if he could. He rose and groped his way across the familiar floor, which was rising and falling like the deck of a ship. At the door he fell. When Mary came in, she found him lying there, and the moment she touched him she knew that he was gone.

Doctor Ed was away when Rosicky died, and for the first few weeks after he got home he was harddriven. Every day he said to himself that he must get out to see that family that had lost their father. One soft, warm moonlight night in early summer he started for the farm. His mind was on other things, and not until his road ran by the graveyard did he realize that Rosicky wasn't over there on the hill where the red lamplight shone, but here, in the moonlight. He stopped his car, shut off the engine, and sat there for a while.

A sudden hush had fallen on his soul.[247] Everything here seemed strangely moving and significant, though signifying what, he did not know. Close by the wire fence stood Rosicky's mowing-machine, where one of the boys had been cutting hay that afternoon; his own work-horses had been going up and down there. The new-cut hay perfumed all the night air. The moonlight silvered the long, billowy grass that grew over the graves and hid

---

245 but if they had that(sweetness), everything came out right in the end.: 그들의 마음이 곱다면, 그것은 결국 적절한 때에 발현되기 마련이다.

246 bent over to ease the pull: 경련을 완화시키기 위해 허리를 굽혔다.

247 A sudden hush had fallen on his soul.: 불현듯 그의 영혼은 차분해졌다.

the fence; the few little evergreens stood out black in it, like shadows in a pool. The sky was very blue and soft, the stars rather faint because the moon was full.[248]

For the first time it struck Doctor Ed that this was really a beautiful graveyard. He thought of city cemeteries; acres of shrubbery and heavy stone, so arranged and lonely and unlike anything in the living world. Cities of the dead, indeed; cities of the forgotten, of the "put away." But this was open and free, this little square of long grass which the wind for ever stirred. Nothing but the sky overhead, and the many coloured fields running on until they met that sky.[249] The horses worked here in summer; the neighbours passed on their way to town; and over yonder, in the cornfield, Rosicky's own cattle would be eating fodder as winter came on. Nothing could be more undeathlike than this place; nothing could be more right for a man who had helped to do the work of great cities and had always longed for the open country and had got to it at last. Rosicky's life seemed to him complete and beautiful.

New York, 1982

---

248 the stars rather faint because the moon was full: 별들은 만월인 달빛에 가려 희미한 색채를 띠고 있었다.

249 the many coloured fields running on until they met that sky: 다채로운 빛깔의 들녘은 끝없이 펼쳐진 먼 하늘과 닿는다.

그야말로 도시는 죽은 자들이 사는 곳이었고,
망각된 자들이 사는 곳이었고, "버려진 자들"이 사는 곳이었다.
하지만 이곳은 사방이 열려져 있는 자유로운 공간이었고,
작은 묘지 위에 나 있는 긴 풀들은 언제까지라도
바람을 맞아 흔들릴 것이다.
머리 위엔 그저 하늘만 존재할 뿐이고,
다채로운 빛깔의 들녘은 끝없이 펼쳐져
먼 하늘과 닿는다.

제1장

버레이 박사가 이웃인 로시츠키 영감에게 심장이 안 좋다고 말하자, 로시츠키는 펄쩍 뛰었다.

"그럴 리가? 천만에 말씀, 내 심장은 언제나 말짱했네. 그저 약간의 천식기만 있을 뿐이었는걸. 지난여름 건초 만드는 일을 할 때, 아주 잠깐 숨이 가빴던 적은 있지만 말이야. 그것뿐이네."

"아이고, 로시츠키 영감님. 만약 영감님께서 저보다 더 잘 알고 계시다는 생각을 하셨으면, 왜 제게로 오셨겠어요? 그때 숨이 가빴던 것은 바로 심장에 문제가 있었기 때문이에요. 영감님은 벌써 연세가 예순다섯인데다가, 그 동안 줄곧 힘겨운 일만 하셨으니, 심장에 무리가 올 만도 하지요. 지금부터는 각별히 주의하셔야 해요. 이제 힘든 일은 더 이상 하시면 절대로 안 돼요. 영감님이 아니라도 그 일을 할 만한 아드님이 다섯 명이나 있잖아요."

그러자 늙은 농부는 어스레한 만족감이 깃들어 있는 기묘한 삼각형 모양의 눈으로 의사를 바라보았다. 그의 눈은 아직도 크고 생동감이 있어보였지만, 눈까풀의 한 중간이 기이한 형태로 치켜 올라가 있어 두 눈은 삼각형을 이루고 있었다. 그렇다고 병자처럼 보이지는 않았다. 갈색 얼굴은 잔주름이 아닌 깊은 주름이 파여 있었고, 말끔하게 면도를 한 두 뺨과 코밑수염 밑의 입술은 불그스레한 빛을 띠고 있었다. 머리카락은 가늘었고 귀 둘레로 정돈되지 않고 삐져나와 있었지만, 그래도 희게 센 머리카락은 거의 없었다. 타고날 때부터 튀어나온 이마에는 중앙에서 십자 모양의 깊이 파인 주름이 정수리 부근까지 뻗어 있었다.

로시츠키의 얼굴은 늘 만족스런 기운이 보였고 진지함이 아닌 쾌활한 정도의 성격을 드러내 주는 표정이 깃들어 있었다. 따라서 그런 표정은 방관자나 방청인의 초연함과 같은 편안한 인상을 주었다.

"보아하니, 에드 박사. 병든 내 심장을 고칠 치료약은 없는 것 같구먼. 그렇다면 새 심장으로 갈아 끼우는 것이 유일한 방책인 것 같은데."

버레이 박사는 책상의자를 빙 돌리면서 찌푸린 얼굴로 늙은 농부를 바라보았다. "로시츠키 영감님. 제가 영감님이라면, 전 그 낡은 심장을 잘 돌볼 거예요."

로시츠키 영감은 어깨를 움츠렸다. "글쎄, 어쩌란 말인지 잘 모르겠네. 혹여 나보고 커피를 더 이상 마시지 말라는 의미는 아닌지."

"제가 영감님이라면, 커피는 마시지 않겠어요. 하지만 입에 당기시면 어쩌겠어요. 전 아직까지 보헤미아 인들에게서 커피나 파이프 담배를 떼어놓는 방법을 찾지는 못했으니까요. 그런 노력은 이미 포기했어요. 그러나 확실한 건 이제 영감님은 농장 일에서 손을 떼어야 한다는 거예요. 영감님은 아직 가축에게 먹이를 주거나 가축우리 주변에 있는 허드렛일 정도는 하셔도 돼요. 하지만 숨을 가쁘게 하는 들일은 절대로 해서는 안 됩니다."

"옥수수 껍질 까기라면 어떤가?"

"당연히 안 되지요!"

로시츠키 영감은 인상을 쓰면서 깊은 생각에 잠겼다.

"에드 박사, 그럼 이제 난 맘대로 내 심장을 써먹을 수도 없다는 말인가?"

"제 소견으론, 아직 5~6년 정도는 버틸 것 같아요. 그리고 무리하지만 않으신다면 좀 더 갈 수도 있고요. 소일거리나 하며 빈둥거리면서 메리 아주머니나 거들어주세요. 제가 만약 영감님처럼 훌륭한 아내가 있다면, 전 기꺼이 그렇게 할 겁니다."

그 말을 듣고 로시츠키 영감은 껄껄대며 웃었다. "집안에서 남자가 할 일이 뭐 있어야지. 난 부엌 주변이나 어정거리는 늙은이는 되기 싫

으이. 게다가 마누라는 혼자서 모든 일을 도맡아 하는 성격이기도 하고 말이야."

"바로 그 때문이에요. 그러니까 조금은 도와주시라는 말이에요. 로시츠키 영감님, 영감님은 가족으로부터 위안을 얻을 수 있는 제가 알고 있는 몇 안 되는 분 중의 한 분이세요. 영감님의 가족은 한결같이 행복한 기질을 타고 났고, 서로 싸우는 일도 없을뿐더러, 영감님을 극진하게 공경하고 있잖아요. 전 영감님께서 몇 년 동안만이라도 여생을 즐기면서 사셨으면 좋겠어요."

"아, 자식들이야 나무랄 데가 없긴 하지." 로시츠키 영감은 맞장구를 쳤다.

의사는 그에게 처방전을 써주면서 올 봄에 결혼을 한 그의 장남인 루돌프의 안부를 물었다. 루돌프는 농지를 소작하는 것으로 자립을 시작했다. "며느님은 어때요? 아주머님께서 미국인 며느리를 탐탁지 않게 여길까 걱정이에요. 물론 곧 좋아지겠지만요."

"더할 나위가 있겠나, 그 앤 좋은 애야. 그 미망인이 딸들을 아주 잘 키웠어. 며늘앤 매력덩어리야. 맵시 또한 빠지지 않지. 그것도 복이지, 젊은이들은 누구나 다 맵시 있게 보이는 걸 원하지 않나." 로시츠키 영감은 정중하게 머리를 숙였다. 그의 밝은 목소리와 환한 미소 그 자체가 바로 며느리에 대한 애정 어린 칭찬이었다.

"폭풍이 올 것 같아요. 그 전에 서둘러 댁으로 가시는 것이 좋을 것 같아요. 읍내까지는 차를 타고 오셨나요?" 버레이 박사는 자리에서 일어섰다.

"아니네, 마차를 타고 왔어. 사내아이가 다섯이면, 포드(자동차)를 차지할 기회가 많지는 않아. 게다가 난 그다지 자동차를 좋아하지도 않는 편이고."

"그래요, 영감님 댁까지는 길이 잘 닦여 있긴 하죠. 그래도 덜컹거리는 마차를 타고 오래 나다니시는 건 좋지가 않아요. 그리고 건초를 거둬들이는 일 따위는 두 번 다신 하지 마세요. 꼭 명심하셔야 해요!"

로시츠키 영감은 짐짓 다른 쪽을 보면서 의미 없는 행동인양 하면서 진료비를 사무용 책상 전화기 뒤쪽에다 살며시 올려놓았다. 그는 플러시 천으로 만든 모자를 쓰고 양피칼라가 달린 코르덴 재킷을 입은 후 밖으로 나왔다.

의사는 청진기를 집어 든 다음 그것에 짜증이라도 내는 듯 미간을 찌푸리며 바라보았다. 그는 청진기를 통해 상태를 알게 된 그 심장의 주인이 로시츠키 영감이 아닌 다른 사람, 이를테면 자신을 잘 알지 못하거나 작별을 고할 때면 따듯한 갈색의 손을 내밀어 주지 않는 다른 누군가였으면 하는 마음이었다. 버레이 박사는 의과대학에 들어가지 전까지는 그 고장에서 아주 가난한 소년이었고, 로시츠키 영감은 자신의 기억이 미치는 때부터 알고 지냈으며, 그분의 부인에 대해서도 깊은 애정을 지니고 있었다.

지난겨울만 하더라도 그는 로시츠키 영감의 집에서 아침식사를 흡족하게 한 적이 있었는데, 마침 그 식사는 그에겐 절실한 것이었다. 그는 톰 마셜 씨의 집에서 밤새 길고 힘겨운 분만과정을 지켜본 후였는데, 그 농가는 수많은 가축과 풍성한 먹이는 물론 값비싼 최신의 농기구를 갖추고 있음에도 도무지 그에 대한 편의 따위는 아랑곳하지 않았다. 그 집의 안주인은 돌봐야 할 아이들이 너무 많았고, 할 일 또한 태산처럼 쌓여 있었지만, 도우미는 단 한 명도 쓰고 있지 않았다. 마침내 아이가 태어났을 때, 버레이 박사는 그 아이를 거들어주러 온 이웃여자에게 넘겨주고 산모가 적정한 보살핌을 받게 되자, 그는 어수선한 집에서의 아침식사를 사양하고는 8마일이나 떨어져 있는 안톤 로시츠키 영감의 집을 향해 1인승 마차를 – 눈이 너무 많이 쌓여 자동차를 운전할 여건이 안 되었기 때문에 – 몰았다. 그는 그곳이 아니고는 그처럼 따듯한 환대나 크림이 듬뿍 담긴 향내 짙은 커피를 대접받을 수 있는 다른 농가는 알지 못했다. 그러니 로시츠키 영감이 커피를 끊지 못하는 것은 조금도 이상한 일이 아니었다.

그는 그 댁의 사내아이들이 가축우리에서 돌아와 아침식사를 하기 위해 몸을 씻고 있던 때에 정확히 맞춰 도착했다. 밝은 색 유포로 덮은 긴 식탁에는 가족용 접시들이 놓여 있었고, 온기가 도는 부엌은 커피와 따듯한 비스킷 그리고 소시지 냄새로 가득 차 있었다. 버레이의 생각에 20에서 12세까지 다섯 명의 멋지게 성장한 아들들은 너나없이 모두 다 천성이 올곧았는데, 이를테면 그들에게는 그 자신이 젊은 시절 힘겹게 이겨내야 했던 고통스런 자의식 같은 점 따위는 조금도 눈에 띄지 않았다. 그들 중 한 명이 뛰어와서 말을 받아 끌고 가자, 다른 한 명은 그가 벗은 모피외투를 받아 옷걸이에 걸었다. 그리고 막내이자 외동딸인 조세핀은 엄마의 지시대로 재빠르게 상을 한 자리 더 준비했다.

안주인인 메리의 경우엔 병아리나 송아지로부터 식욕이 왕성한 다 큰 사내자식들에 이르기까지 무엇이든 다 거둬 먹이는 것이 애정을 표현하는 자신의 타고난 방식이었다. 그리고 그녀는 자주 보지는 못할지라도 친 가족인양 자랑스럽게 여기고 있는 젊은 의사에게 식사를 제공하는 것을 특별한 낙으로 삼고 있었다. 여느 시골의 아낙네들 같으면 하던 일을 멈추고, 식탁에 깔린 유포 위에다 흰 천을 씌우거나, 두꺼운 컵이나 접시들을 최고급 도자기로, 나무 손잡이 칼은 도금된 칼로 바꾸느라 부산을 떨었을 것이다. 하지만 메리는 그렇게 하지 않았다.

"에드 박사, 지금 이대로도 괜찮겠지. 의사양반이 방문할 줄 미리 알았으면, 기꺼이 최고급의 그릇을 꺼내 놓았을 거야. 하지만 난 편안하게 자넬 맞이하는 것도 괜찮겠다 싶었어."

그는 그녀가 진심으로 자기를 환영한다는 것을 알고 있었다. 그녀는 고개를 뒤로 젖히고 자기의 말을 초원 전체가 다 들으라는 듯이 큰 소리로 거리낌 없이 말했다. 로시츠키는 아무 말도 하지 않았다. 그는 그저 환한 미소를 지어 보이면서 난로에다가 석탄을 좀 더 집어넣고는 방으로 들어가 의료용 잔에다 술을 조금 따라와 의사에게 주었다. 가족 모두가 제자리를 잡고 의자에 앉자, 그는 식탁의 머리맡에서 아내의 얼굴을 살펴보다가 체코어로 말을 건넸다. 그러고 나서 그는 몸에 밴 점잖음으로 의사에게 고개를 돌리며 겸연쩍게 말했다. "방금 전에 난 안사람에게 자네가 식사를 마치기 전까지는 마셜 부인에 관해 한 마디도 묻지 말도록 당부를 했네. 아낸 자네에게 그녀에 관해 묻고 싶어 안달이 난 것 같아."

그러자 아이들은 일제히 폭소를 터트렸고, 메리도 그들을 따라 웃었다. 그녀는 의사가 자신이 만든 비스킷과 소시지를 게걸스레 먹는 모습을 지켜보면서, 마음이 뿌듯해져 정작 자신은 아무것도 먹지를 못하고 있었다. 그녀는 커피를 마시면서 방문객 옆에 앉아 그의 일거수일투족에 관심을 기울이고 있었다. 그녀는 그가 가난한 시골소년이었을 때부터 아는 사이였고, 그의 성공을 누구보다도 자랑스러워하고 있었다. 그래서 그녀는 "사람들이 오마하에 가는 이유는 딱 한 가지, 이 고장에서 최고가 된 바로 그 의사양반을 보기 위해서지."라고 늘 입버릇처럼 말하곤 했다. 메리는 혹 관심이 가는 사람이라도 생기면 그들을 바라보는 데서 육체적인 기쁨을 맛보았고, 그들이 잘 되는 것을 지켜보면서는 내밀한 환희를 느끼곤 했다. 버레이는 그녀와 같은 성향의 여성을 많이 알지는 못하지만, 적어도 그녀가 그렇다는 것만은 알고 있었다.

시장기가 사라지자, 그는 마치 커다란 의무를 털어놓기라도 하듯이 마셜 부인의 안부를 전하기 시작했는데, 주변에 있는 아이들도 그 문제에 대해 큰 관심을 기울이고 있다는 것을 알 수 있었다.

"지난 번 마지막으로 그곳에 갔을 때만 하더라도, 그 아주머니는 커다란 우유통들을 들고 계셨죠. 그때 전 그렇게 해선 안 된다는 생각이 들었었죠." 그 당시만 하더라도 한 집에 살고 있었던 장남인 루돌프가 말했다.

"그렇다더군, 루돌프가 집에 와서 그 얘길 하기에, 난 그녀가 그렇게 해선 안 되는데 라고 말했지." 메리가 조용히 끼어들었다. "나 같이 다부진 사람은 아기를 낳는 순간까지도 그런 일쯤은 할 순 있지만, 그 여잔 너무도 허약하기 않나, 그녀가 아길 제대로 키울 수나 있을까, 에드?" 그녀는 때때로 자신이 그토록 자랑스럽게 생각하는 그 의사의 직함을 빼먹으며 말하곤 했다. "의사양반을 밤새 붙들어두고도 아침식사조차 차려주지 않다니! 도대체가 어떻게 된 사람들인지 원."

"어머니도 참, 에드 박사님께서 그곳에서 식사를 하셨더라면, 이곳에 오시기나 했겠어요. 그러니 오히려 그분들께 감사를 해야겠죠." 아들 중 누군가가 말했다.

"존, 의사양반은 언제든 환영받고 있다는 걸 알고 계셔. 하지만 엄마가 걱정하는 건 바로 그 가엾은 여인이야. 아침식사도 못하고 추운 날씨에 떠나가는 의사양반을 본 그녀의 심정이 어땠을까."

"자제분들이 태어날 때 제가 개업을 하고 있지 않았던 게 아쉽습니다." 의사는 나란히 앉아 있는 짧은 머리의 그들을 바라보았다. "그렇지 못해 놓치게 된 맛있는 아침식사가 너무나도 아쉬운걸요."

사내아이들은 얼굴이 벌겋게 된 어머니를 보면서 웃어대기 시작했지만, 그녀는 자신의 입장을 고수한 채 머리를 치켜들면서 말했다. "의사양반이 아침식사를 대접받지 않고는 우리 집을 나설 생각이 없었다 해도, 난 전혀 개의치 않았을 거야. 어떤 의사선생도 그런 적은 없었고 말이야. 난 우리 집 양반이 즉석에서 데우기만 하면 의사양반을 대접할 수 있도록 음식을 준비해두었을 테니까."

사내아이들은 이전보다도 더 크게 웃으면서 큰 소리로 합창을 했다. "아마 어머니라면 그러셨을 거예요! 그럼요, 틀림없이 그러셨을 거예요!"

"아버지, 저희들이 태어날 때 아버지가 손수 의사선생님께 아침을 차려주신 거예요?"

"그렇고말고, 게다가 너희 아버진 내 상도 직접 정성껏 차려다 주셨는걸. 아기를 날 때마다 어찌나 배가 고프던지!" 메리는 미안한 듯 웃으면서 남편의 수고를 인정했다.

사내아이들이 말을 가져오는 동안, 그는 창가로 가서 집안에 있는 화초들을 살펴보았다. "아주머니, 어떻게 하셔서 한 겨울인데도 제라늄을 이렇듯 활짝 피우실 수 있는 건가요? 이 댁 앞을 지나갈 때마다 창가를 가득 채우고 있는 꽃들의 모습을 늘 보게 되니 말이에요."

그녀는 새빨간 꽃 한 송이와 막 자라나온 주름진 잎을 따서는 그것들을 그의 단춧구멍에다 꽂아 주었다. "이러니, 훨씬 더 낫군. 에드, 자넨 나이에 비해 지나치게 엄숙해보여. 왜 결혼을 미루고 있나? 난 의사양반 때문에 항시 걱정이야. 아침을 차리면서, 난 자네가 몹시 힘들겠다는 생각을 했어. 그리고 벌써 흰머리도 보이기 시작하는구먼."

"아, 그래요. 흰머리가 나기 시작하네요. 제가 결혼을 했으면, 흰머리가 더 빨리 나왔을 수도 있었겠죠."

"실없는 소리 마시게. 자넨 호텔 밥을 먹으면서 건강을 해치고 있어. 의사양반에게 부인이 있다면, 난 그녀에게 맛있는 호두 빵을 한 덩이 보낼 수도 있는데 말이야. 난 젊은 사람의 머리가 하얗게 세어가는 꼴은 절대로 보고 싶지 않아. 한 가지 비법을 전해주지, 에드. 홍차를 짙게 끓여서 손이 닿기 쉬운 곳에다 놓아두고, 아침마다 솔을 이용해 그것을 머리에다 바르게나. 그럼 흰머리가 상당부분 감춰질 테니까. 나도 지금 그렇게 하고 있어."

때때로 의사는 약국에서 사람들이 로시츠키 영감의 생활이 더 빨리 나아지지 않는 이유에 대해 수군거리는 소리를 들었다. 그는 근면한 사람이고, 그 자식들 또한 그랬다. 하지만 그들은 자유롭고 느긋한 여유를 즐기는 편이었고, 결코 서두르거나 하지를 않았다. 그리고 어떤 일에 대해선 늘 이득이 되는 쪽으로 판단을 하지도 않았다. 그들은 그저 현재의 편안함을 즐기면서 빚지지 않고 살아갈 뿐 형편이 확 펴지거나 하지도 않았다. 버레이 박사는 로시츠키 영감처럼 관대하고 따듯하고 넉넉한 마음의 사람들은 지금 이상의 형편이 나아지지는 않는 모양이라고 생각했다. 그것은 아마도 인생을 즐기면서 동시에 그것을 은행에다가 저축해놓을 수 없는 이치와 같은 것이리라.

제2장

로시츠키 영감은 버레이 박사 사무실을 나온 후 농기구상으로 들어가 담뱃재를 비운 다음 안경을 쓰고는 아내가 써 주었던 구입목록을 처음부터 끝까지 읽어 내려갔다. 그러고는 그가 출입문 옆에 있는 잡화 진열대로 가서 잠시 둘러보고 있으려니, 갈 때마다 시중들어주던 눈썹을 다 뽑아 낸 예쁜 아가씨가 다가왔다. 그는 가느다란 먹물로 그려 넣은 그녀의 양쪽눈썹을 보고는 이전의 눈썹을 떠올리며 재미있어해 했다. 로시츠키 영감은 물건을 구입하면서 이런저런 농담을 하면서 시간을 많이 지체하곤 했는데, 시중드는 아가씨는 그 노인이 자기를 귀여워하고 있다는 것을 알고 있었고, 그녀도 그와 농담을 주고받는 것을 즐겼다.

"제가 보기에 로시츠키 씨께서는 2주에 한 번꼴로 베갯잇을 사시는 것 같아요, 그것도 언제나 최고급의 물건으로요." 그녀는 빨간 색 줄이 있는 두꺼운 직물을 자로 재어 자르면서 말했다.

"아가씨도 알다시피, 집사람은 항상 거위 털 베개를 만들지 않겠나, 그런데 얇은 천으론 거위 털이 삐져나오는 것을 막진 못하거든."

"아저씨 댁에는 베개가 무척 많겠어요."

"물론이지. 아낸 깃털이불도 만드는 걸. 그래서 잠은 늘 편히 잘 수 있어. 지금은 며느리에게 줄 깃털이불을 만들고 있는 중이야. 아가씨도 알지, 큰 아들인 루돌프와 결혼한 애 말이야. 자, 펄 양 얼마가 나왔지?"

"8달러 85센트에요."

"마저 9달러를 채워야겠군, 나머진 여자들에게 줄 사탕으로 채워줘."

"언제나 똑같으시네요. 전 아내를 위해 그렇게 많은 사탕을 사는 분은 이제껏 본 적이 없어요. 먼저 아셔야 될 건, 그렇게 하다간 부인께서 엄청나게 뚱뚱해지실거라는 사실이에요."

"바라던 바인걸. 난 요즘 유행하는 추세처럼 그렇게 깡마른 여자들은 통 시원치가 않아."

"저도 그런 여자들 중 한 명인걸요, 이민자 일꾼님!" 펄은 코를 킁킁거리며 먹물로 그린 눈썹을 치켜떴다.

로시츠키 영감이 밖으로 나와 마차로 걸어가고 있을 때 눈이 내리기 시작했다. 그 눈은 그 해들어 첫눈이라, 그는 눈을 보는 것이 반가웠다. 그는 덜컹거리는 마차를 타고 읍내를 빠져나가 최상급의 농장들이 있는 풍요로운 시골에 쭉 뻗은 한길로 접어들었다. 그는 사람들이 대초원이라 부르는 대지를 경탄하며 바라보면서 마차를 타고 지나가기를 좋아했다. 그의 집은 이곳보다는 거친 지역에 자리하고 있었는데, 그곳의 토양은 점토의 성분이 약간 섞여 있긴 해도 그렇게 기름진 곳은 아니었다. 그가 처음으로 자기 소유의 땅을 샀을 때만 하더라도, 그는 이곳처럼 대초원에다 땅을 살만한 돈을 가지고 있진 않았다. 그 후 그는 자식들의 투덜거림에 그나마 자신들의 땅에 점토가 조금이라도 섞여 있었기에 그 땅을 샀던 것이라고 말한 적이 있었다. 어쨌거나 그는 알짜배기 땅인 이곳의 기름진 농원을 바라보는 것을 즐겼다.

8마일을 더 달린 후 그는 자기 집 건초지 끝머리에 위치하고 있는 묘지에 닿게 되었다. 그곳에서 그는 말을 멈추고 눈 내리는 것을 지켜보며 마차의자에 조용히 앉아 있었다. 그는 언덕 저 너머에서 뒤쪽엔 과수원 단지와 앞쪽엔 풍차를 끼고서 낮게 움츠려 있는 집을 바라볼 수 있었는데, 그가 있는 곳으로부터 자신의 집까지는 완만한 경사의 언덕길로 이어져 있었고, 그 길의 양편으로는 흰 벌판을 배경으로 옥수수대가 줄지어 서 있었다. 눈은 옥수수 밭과 목장 그리고 건초지 위에 꾸준히 쌓이고 있었는데, 바람은 거의 불지 않았고, 내리는 눈은 알맞게 건조한 상태였다. 묘지는 주변으로 붉은 색의 긴 풀들이 무성하게 우거

져 있는 가느다란 철선으로만 둘러쳐져 있을 뿐이었다. 이렇듯 붉은 풀과 몇몇 작은 상록수 그리고 묘석 위에 내리고 있는 질 좋은 눈은 모두 다 아름답게 보였다.

로시츠키 영감에게는 그 묘지가 전혀 비좁거나 답답해보이지 않았음은 물론, 아늑해서 집 같이 편안함을 주는 동시에 사방이 탁 트여 그야말로 명당이라 할 수 있을 것만 같았다. 그곳에서는 긴 풀밭에 등을 대고 누워 둥근 하늘을 온전히 다 올려다 볼 수도 있었고, 여름철엔 옆으로 마차들이 철선으로 둘러친 담장 가까이까지 다가와 털털대며 지나가는 소리도 들을 수 있었다. 게다가 그 무덤은 집에서도 가까웠다. 옥수숫대 너머로 보이는 집 지붕과 풍차를 보고 마음이 흡족해진 그는 앞으로는 의사가 지시한대로 자기 몸은 자신이 먼저 잘 돌봐야겠다는 의지를 가다듬었다. 그는 자기가 살고 있는 이곳을 스스로도 많이 좋아하고 있다는 점을 인정했다. 그는 애써 그곳을 떠나고 싶은 마음이 없었다. 그는 자신의 초지를 벗어나 더 멀리 갈 필요가 없다는 생각만으로도 편안함을 느꼈다. 농가의 안뜰과 묘지 위에 살포시 내리는 눈은 모든 것들을 한데 모으고 있는 것처럼 보였다. 그리고 무덤 속에 있는 그들은 모두가 다 옛날의 이웃들이었다. 그들 중 대부분은 친구들이었기 때문에, 그곳에서는 낯설어 하거나 어색해할 이유가 없었다. 어색함을 느끼는 것은 로시츠키 영감이 가장 불편해 하는 감정이었다. 그는 어색한 감정을 가져본 적은 별로 없지만, 전혀 이해가 되지 않는 사람들과 함께 있게 되는 경우라면 그러기도 했다.

어쨌든 그것은 아주 좋은 눈보라였다. 그렇게 드넓은 대지 위를 그렇듯 소리 없이, 그리고 그렇듯 우아하게 뒤덮는 장관은 보기에 몹시 즐거운 것이었다. 그의 모자 위에도, 어깨 위에도, 그리고 말들의 등과 갈기 위에도 가볍고 섬세하면서도 신비한 눈은 연실 내리고 있었다. 그리고 눈이 내리면서 건조하고 신선한 향내가 대기로 방출되었다. 그것은 식물, 사람, 그리고 짐승들, 더불어 땅 그 자체의 휴식을 의미하는 것이었는데, 이때는 밤이 길어 충분한 잠을 자고, 느긋하게 아침식사를 할 수 있고, 화롯가에서 편안하게 휴식을 취할 수 있는 계절이었다. 이런 생각과 더불어 더 많은 상념들이 로시츠키 영감의 마음속에 떠올랐지만, 그는 그저 겨울이 오고 있다는 말을 속으로 만 중얼거렸을 뿐 곧바로 말에게 신호를 주면서 마차를 몰아 그 자리를 떠났다.

집에 도착하자, 막내인 존이 밖으로 뛰어나와 말과 마차를 받아갔다. 그는 앞치마에 홍당무를 가득 담아 옥외식품 저장고에서 나오고 있던 아내와 마주치자 그녀와 함께 집안으로 들어갔다. 청포도송이 그림이 새겨진 유포로 덮은 탁자 위에 상이 차려지자, 그는 뜨거운 커피와 케이크 등의 냄새를 맡았다. 안톤은 읍내에서는 절대로 점심을 먹지 않았는데, 그는 그렇게 하는 것이 낭비라고 생각했을 뿐만 아니라, 실상 그곳의 음식을 좋아하지도 않았다. 그래서 아내는 그가 집에 돌아오면 먹을 음식을 항상 마련해놓고 있었다.

그가 자리를 잡고 앉아서 큰 컵에 담긴 커피를 젓고 있을 때, 아내는 오븐에서 살구 콜라체 빵 한 접시를 꺼낸 후 그것이 너무 마른 것이 아닌지 걱정스럽게 살펴보다가 남편이 식사하는 접시 옆에다 놓고는 그 앞에 마주보며 앉았다.

로시츠키 영감은 그녀에게 커피를 한 잔 하지 그러느냐고 체코어로 물었다.

그녀는 어쨌거나 사업상 거래를 할 때 쓰는 표준 언어인 영어로 대답했다. "자 이제 에드 박사가 뭐라고 했죠, 여보? 숨김없이 말하세요."

"당신에게 몇 가지 고마움을 표하라고 하더군, 하지만 그것이 뭔지는 잊어버렸소." 로시츠키 영감의 두 눈은 빛나고 있었다.

"당신에 관해서는요. 그러니까 제 말은, 당신의 천식에 대해서는 뭐라고 하던가요?"

"의사의 말로는 천식이 아니라던데." 로시츠키 영감은 두툼한 갈색의 손가락으로 작은 롤빵을 하나 집어 들었다. 오른쪽 엄지손가락의 뭉툭한 손톱은 그가 살아온 지난날을 말해주고 있었다.

"이봐요, 무슨 일이에요? 내게 숨기려고 하지 마세요."

"별 말은 하지 않았어. 단지 내가 좀 늙었다더군, 그리고 심장이 예전만큼 그렇게 좋지는 않다더군."

메리는 놀랐고 약간 정신이 나간 듯 관자놀이로부터 두 손으로 머리를 뒤로 쓸어 넘겼다. 그를 노려보는 태도로 볼 때, 그녀는 남편에게 화가 난 것처럼 보였다.

"의사양반이 당신 심장에 무슨 일이 있대요? 에드 박사가 정말 그렇게 말했어요?"

"정원에 있는 돼지를 몰듯 그렇게 큰 소리를 지르지 말아요, 메리. 당신도 알다시피 난 부드럽게 말하는 여자들을 좋아하잖아. 그는 내 심장에 대해서는 별다른 말은 하지 않았소. 그저 예전만 못하다고 했을 뿐, 아 참, 건초를 던지거나 옥수수 까는 일 등은 하지 말라더군."

메리는 벌떡 일어나고 싶었으나, 제 자리에 가만히 앉아 있었다. 그녀는 어떤 상황에서도 목소리를 높이거나 거칠게 말하는 법이 없는 남편의 성격을 존경하고 있었다. 남편은 도시에서 자랐고, 자신은 시골 출신이었다. 그녀는 종종 자신의 아이들도 아버지의 느긋한 성격을 닮았으면 하고 바라곤 했었다.

"심장에 통증을 느낀 적은 없으시잖아요, 그렇죠? 호흡기나 위에 문제가 있었던 거잖아요. 에드 박사가 말하는 것 말고는 아무도 믿지 않을래요. 내가 한 번 직접 가봐야겠어요. 당신께 뭐 충고 같은 건 하지 않았어요?"

"가급적 편히 쉬면서, 올 겨울엔 그저 집에서 유유자적하며 보내라더군. 당신은 몇 가지 목공일을 해주었으면 하고 바랐던 것 같은데. 아마 당신이 쓸 선반정도는 새롭게 만들어 줄 수 있을 거요. 그리고 그 외에 시간이 나면 사내애들 방에다가는 두 꼬마 녀석들도 자신들이 직접 옷을 걸어둘 수 있도록 옷장을 하나 만들어 줄 예정이오."

로시츠키 영감은 이따금씩 커피를 마시면서 깊은 생각에 잠겼다. 그의 콧수염은 길지만 부드러웠으며 건초더미 위에 놓인 마차용 갈퀴 이처럼 입을 덮을 만큼 아래로 자라 있었다. 그는 커피 잔을 내려놓을 때마다 푸른 색 손수건으로 입술을 닦았다. 그는 물을 한 잔 마신 후 손등으로 그곳을 깔끔하게 정리했다.

메리는 그의 안색에서 혹 어떤 변화를 살펴볼 수 있을까 해서 그를 뚫어지게 지켜보았다. 자신에게 자신이나 다름없는 사람을 살펴보는 일은 무척이나 힘든 일이었다. *그래, 그이의 머리는 숱이 적어졌어, 그리고 앞이마엔 왼쪽에서 오른쪽으로 깊은 주름이 생긴 것 같네. 하지만 농번기를 빼고는 항상 말끔하게 면도를 하고 다니는 그이의 목은 아직 처지거나 늘어지지는 않았어. 검붉은 갈색으로 그을려 있고, 깊은 주름이 생기긴 했지만, 아직은 튼튼하고 혈색이 돌고 있고 말이야. 그이의 두 뺨도 그만하면 좋은 빛을 띠고 있어. 입의 양쪽으로는 볼 위에 반달 모양의 구릉지가 있고, 얼굴에 표정을 지을 때마다 주름이라 할 순 없지만 두 개의 선이 선명하게 드러나고 있어. 우리가 결혼할 때보다는 키는 작아졌고 몸집은 불었어. 등은 넓어졌지만 구부러져 있군. 꼭 나이 많은 거북이의 등짝을 닮았어, 양팔과 두 다리가 모두 짧아진 것 것도 그렇고 말이야.*

그는 메리보다 15살이 더 많았지만, 그녀는 이전엔 한 번도 그 사실을 의식하며 살지는 않았다. 그는 그녀의 남편이었고, 더욱이 그녀가 사랑하는 남자였다. 그녀는 강인했고, 그는 부드러웠는데, 그녀는 그이가 도시출신이라 그렇다고 말하곤 했다. 그들은 거친 항해를 함께 한 동행인이자 어려운 시절에 서로에게 버팀목이 된 사이였다. 그들은 지금까지 잘 살아왔는데, 그것은 삶에 대한 견해가 근본적으로 서로 같았기 때문이었다. 그들은 서로 상의하지 않고서도 무엇이 우선이고 무엇이 나중인지를 알았다. 그들은 체코어로조차 의견을 특별하게 나누지 않고서도 언제나 서로 같은 생각을 하고 있다고 믿고 있었다. 그들은 힘든 인생을 살면서 수없이 많은 것들을 희생하거나 포기해야만 했다. 어려울 때도 있었지만 순탄할 때도 있었다. 삼각형 모양의 눈과 정수리까지 벗겨진 이마에다가 작은 키에 등이 넓은 그 사람에게는 독한 면이라고는 없었다. 그는 도시 출신이었고, 점잖은 사람이었다. 비록 그가 투박한 시골처녀와 결혼을 하긴 했지만, 그는 한 번도 그녀를 거칠게 대하지 않았다.

그들은 조화를 이루며 살면서 인생을 인색하거나 아끼기만 하면서

조급하게 살지는 않으려했다. 그들은 이웃들이 자신들보다 더 많은 땅을 사고 더 많은 가축을 불려가는 모습을 보면서도 결코 그들을 시기하지 않았다. 언젠가 어떤 상인이 로시츠키 영감의 가족에게 유제품을 팔라고 조르면서, 이웃해 있는 파슬러 씨 가족들은 유제품을 팔아 전해에 많은 돈을 벌었다는 얘기를 한 적이 있었다.

"그랬어요, 헌데 파슬러 씨의 아이들을 좀 보세요! 창백하기 그지없는데다가 초췌한 몰골을 좀 보세요. 모두가 우유 더껑이 같잖아요. 난 돈을 은행에다 감겨 놓는 것보단 아이들의 얼굴에 혈색을 돌게 할 거예요." 메리는 말했다.

그러자 상인이 어깨를 움츠리며 안톤을 바라보았다.

"나 역시 부인의 말대로 할 것이오." 로시츠키 영감은 대답했다.

제3장

메리는 곧바로 읍내로 가서 에드 박사를 만났고, 아이들과 얘기를 나눈 후 아버지를 보호할 대책을 세웠다. 막내인 존조차 마음속 깊이 아버지를 생각하게 되었다. 혹여 아버지가 헛간에서 건초를 내리는 경우라도 생기면, 누가 되었건 아들 중 한 명은 반드시 사다리를 타고 뛰어올라가 그에게서 갈퀴를 빼앗았다. 그런 일이 생길 때마다 그는 자기는 비록 나이는 들었어도 아직까지 늙은 할망구는 아니라는 불평을 하곤 했다.

그해 겨울 내내 그는 오후가 되면 집 안에 머물면서 목공일을 하거나, 그렇지 않을 때에는 음료수통 두 개가 서 있는 나무벤치와 여러 종류의 식물들로 가득한 창문 사이에 있는 안락의자에 앉아 있거나 했다. 그러자 그곳은 구석진 장소가 아니었음에도 "아버지전용 구석자리"로 불리게 되었다. 그곳엔 시렁이 하나 놓여 있었는데, 그곳에다 그는 보헤미아인 신문과 담배파이프 그리고 담배와 크고 작은 가위와 바늘등과 더불어 실과 재봉사용 골무를 올려놓았다. 젊은 시절 재봉사였던 그는 아래 위가 한데 붙은 작업복이나 재킷 그리고 셔츠 따위는 언제나 직접 꿰맸다. 이따금씩 그는 큰 아이들의 옷이 작게 되면 작은 아이에게 맞춰 수선을 하기도 했다.

그는 바느질을 하면서 자신의 인생을 회고해보았다. 세 나라에서 살았던 그에겐 기억나는 것들이 정말로 많았다. 그가 기억하고 싶지 않은 시기는 젊은 시절 잠깐 런던에 있을 때와 치프사이드에 있는 지독하게 가난했던 독일인 양복점에서 일을 했던 때였다. 거의 언제나 배를 곯곤 했었고, 옷은 누더기가 될 때까지 입었으며, 낯선 언어의 이상한 음성이 끊임없이 그를 당혹케 했던, 바로 그 시기는 그의 기억 속에서 항상 측은지심을 불러일으키는 쓰라린 상처로 남아 있었다.

그가 뉴욕에 있는 캐슬가든에 발을 디딘 때는 20세가 되었을 무렵으로, 그는 누군가의 배려로 워싱턴 마켓 아래 쪽 근처의 베시스트리트에 있는 양복점에서 직업을 구하게 되었다. 그는 성실한 일꾼으로 부지런했고, 그에 따라 임금도 이따금씩 올랐다. 그는 자신이 맡은 일에만 신경을 썼고, 다른 사람들의 행운은 부러워하지 않았다. 그는 야간학교에 다니면서 영어를 읽는 법을 배웠다. 그는 종종 초과근무를 해서 그에 따른 보수도 넉넉히 받았지만, 어찌된 일인지 저축은 한 푼도 하지 않았다. 그는 친구가 빌려달라는 돈에 관한 부탁은 거절할 줄을 몰랐으며, 기분이 내키는 대로 살았다. 그는 푸짐한 식사를 좋아했고, 얼마간은 술을 마시는데 또 얼마간은 담배를 사는데 돈을 허비했고, 상당량의 돈은 여자들에게 써버렸다. 그는 토요일 밤이면 종종 서서 오페라를 구경했는데, 입석표는 1달러면 구입할 수 있었다. 그 당시 뉴욕에서는 오페라가 성행했는데, 오페라를 본 그 한 주일 동안은 머리에 생각할 거리가 떠오르곤 했다. 로시츠키는 예민한 귀를 가지고 있었고, 무대 위에서 펼쳐지는 화려한 광경, 이를테면 배경이나 의상 그리고 무용극을 어린아이처럼 좋아했다. 그는 대개 친구들과 함께 공연장에 가곤 했는데, 공연이 끝나면 그들은 적당한 곳을 찾아 맥주와 굴 등을 먹곤 했다. 멋진 삶이었고, 처음 5년 정도는 이렇듯 만족할 만한 인생을 마음껏 즐겼다. 그는 결코 배가 고프거나 춥거나 더러워지지 않았으며, 불꽃, 난투극, 퍼레이드, 폭풍우, 나룻배 타기 등등 접하는 모든 것들이 그를 즐겁게 만들었다. 그는 뉴욕이야말로 세상에서 가장 멋지고, 부유하며, 친근한 도시라고 생각했다.

더욱이 그는 나름대로는 행복한 가정생활도 맛보았다. 양복점 가까운 곳에 작은 가구공장이 있었는데, 그곳엔 오스트리아인인 노년의 뢰플러 씨가 몇몇 숙련공들을 고용해 고급주택지대에 살고 있는 부유한 독일인 주부들을 상대로 맞춤형 가구를 주문받아 생산하고 있었다. 뢰플러 씨의 5층짜리 공장의 맨 위층엔 다락방이 있었는데, 그곳에다 그는 최고급 목재와 직접 구입한 진귀한 가구들을 보관하고 있었다. 그가 고용한 사람 중에는 체코인도 한 명 있었는데, 그 일꾼과 로시츠키는 절친한 사이가 되었다. 그들은 뢰플러 사장에게 부탁을 해서 다락방의 한 구석에다가 잠자리를 꾸밀 수 있는 허가를 받아냈다. 그들은 좋은 침대와 침구류를 샀고 최고급가구도 들여 놓았다. 다락방은 천정은 낮았지만, 사방에 창문이 나있어 볕이 잘 들고 통풍도 좋았으며, 계절마다 질 좋은 목재가 보관되면서 늘 향긋한 향기가 맴 돌기도 했다. 뢰플러 노인은 간간히 선착장으로 가서 선장들이 남미나 동양에서 들여온 원목을 사왔다. 두 젊은이는 집을 꾸미는 일에 있어서는 신혼부부인양 적극성을 띠었다. 캐비닛 제작자인 지첵은 온갖 편의시설을 다 고안했고, 로시츠키는 옷가지를 종류별로 잘 정리했다. 아래층에서 기계의 떨림이 누그러드는 일요일 밤이면, 그곳은 세상에서 가장 조용한 장소가 되었고, 특히 여름철의 밤이 되면 해풍이 집안으로 불어왔다. 지첵은 저녁나절 종종 플루트 연주를 연습했다. 그들은 둘 다 음악을 좋아했으며, 함께 오페라 연주회에 가기도 했다. 로시츠키는 이 같은 삶이 영원히 지속되길 기대했었다.

하지만 세월이 흐르면서, 누구라도 그렇듯, 그는 조금씩 불안해지기 시작했다. 또 한 번의 봄철이 돌아오자, 그는 초조함을 느끼기 시작했고, 술에 빠져들었다. 그는 토요일 밤이면 지나치게 과음을 했다. 일요일이 되면 그는 술에서 깨어나는 동안 몸이 나른하고 무거워 짐을 느꼈다. 월요일이 되면 그는 다시 일에 전념했다. 그래서 그는 자신을 괴롭게 하는 무엇인가가 존재한다는 것을 감지하긴 했지만, 도대체 그것이 무엇인지를 정확하게 파악할 틈은 없었다. 파크플레이스에 있는 풀들이 초록색으로 물들어가고, 트리니티 교회 경내 뒷마당 주변에 있는 라일락 울타리에서 꽃들이 피어날 무렵, 그는 달아나고 싶다는 욕망 때문에 고통스러웠다. 그 때문에 그는 술을 퍼마시게 되었는데, 그러면 그는 일시적으로 환영을 통해서나마 자유와 광대한 지평선을 볼 수 있었다.

이젠 나이가 든 로시츠키 영감은 젊은 시절의 로시츠키가 자신에게 일어난 문제가 무엇인지를 깨달았던 바로 그 때를 마치 어제의 일처럼 기억할 수 있었다. 그 때는 7월 4일로 독립기념일 오후였는데, 그는 파크플레이스에서 햇볕을 쬐며 앉아 있었다. 뉴욕시 남쪽은 텅 비어 있었다. 월스트리트, 리버티스트리트, 브로드웨이가 모두 비어 있었다. 그렇게 많은 돌과 아스팔트 위로 지나가는 것은 아무것도 없었고, 그렇게 많은 진열창도 텅 비어 있었다. 기계가 서 있고 벨트며 밴드가 도는 것을 멈춘 공장의 적막함만큼이나 모든 것이 텅 비어 있었다. 그것은 너무나 큰 변화였고, 사람에게서 온 힘을 소진시키는 것이기도 했다. 도무지 생명력이란 한 방울도 흘러나오지 않는 그 공허한 건물들은 마치 텅 비어 있는 교도소와 다름이 없었다. 젊은 로시츠키는 퍼뜩 그러한 것이 다 대도시가 안고 있는 문제점에서 기인한 것이라는 생각이 들었다. *대도시는 건축물을 지으면서 사람들을 대지로부터 격리시키고, 사방을 시멘트로 처발라 땅과의 접촉을 완전히 차단시키고 있군. 사람들은 바다 속에 있던 예전보다도 훨씬 더 편안함을 느낄 수도 있는 수족관에 있는 물고기처럼 그렇게 자연으로부터 동떨어진 인공적인 세계에서 살아가고 있구나.*

바로 그 날 그는 보헤미아인 신문에서 읽은 적이 있는 서부에서 번창하고 있는 체코인 농장을 소개하는 몇몇 기사에 관해 골똘히 생각하기 시작했다. 그는 어차피 자신의 땅을 소유할 가능성이 없는 상황이라면, 농장일꾼으로라도 그곳으로 달려가고 싶다는 충동을 느꼈다. 자신의 조상들도 모두 일꾼이었다. 아버지와 할아버지는 상점에서 일을 했었다. 외조모님들도 시골에서 살아왔는데, 그들은 농장을 빌려 그것을 힘겹게 꾸려갔었다. 가족 중에는 삶의 정착지가 어디든 그 누구도 자신의 땅을 가져본 적은 한 번도 없었다. 어머니는 자기가 아주 어릴 때 돌아가셨고, 그 때문에 그는 시골에 있는 조부모 댁으로 보내졌다. 그는 12세 까지 그곳에 살면서, 어린 시절이 아니면 결코 형성되지 않았을 땅과 농장동물 그리고 자라나는 수많은 종류의 초목과도 유대를 쌓을 수가 있었다. 할아버지가 돌아가신 후, 그는 아버지와 계모가 있는 곳으로 돌아오게 되었는데, 그녀가 그를 모질게 대하자, 결국 아버지는 그가 런던으로 가도록 도와주었다.

파크플레이스에서 7월 4일이 그렇게 지나간 후, 시골로 돌아가고 싶다는 욕망이 그의 곁을 떠난 적은 한 시도 없었다. *해가 뜨고 해가 지는 것을 바라보고 식물을 심고 그것들이 자라나는 것을 지켜보기 위해서는 다른 사람의 농장에서 일을 하는 것이 자신이 할 수 있는 최선의 방법이리라.* 그는 아주 단순한 사람이었다. 그는 잔뿌리가 많지는 않지만 주근이 깊숙이 뻗어 있는 나무라 할 수 있었다. 그는 처음엔 시카고에서 그리고 나중엔 오마하에서 발행되는 보헤미아인 신문을 차례로 구독했다. 그의 마음은 점점 더 서부를 향해 가고 있었다. 그는 자유를 사기 위하여 약간의 돈을 모으기 시작했다. 그가 35세가 되던 무렵, 뉴욕 보헤미아 운동협회 주관으로 대규모 모임이 있었는데, 로시츠키는 양복점을 떠나 또 다른 세상에서 자신의 운을 시험해보기 위해 오마하 대표단을 따라 그들과 함께 고향으로 내려오게 되었다.

제4장

로시츠키 영감이 가족을 이루기 전에 청년기를 잘 보낸 것이 자식들을 그토록 좋아하게 된 이유가 될 수도 있을 것이다. 그는 할아버지와 같은 관대함으로 그들을 대했다. 그는 자식들 걱정은 전혀 할 필요가 없었지만, 장남인 루돌프에 대해서만큼은 조금 걱정을 하고 있었다.

토요일 밤이면 사내아이들은 막내인 조세핀을 데리고 우르르 몰려가 포드를 타고는 영화를 보기 위해 읍내로 나갔다. 어느 토요일 아침 그들은 식탁에 둘러앉아 시내에서 영화를 보기 전에 크리스마스 장식도 둘러볼 겸 그날 저녁은 1시간쯤 일찍 나서자는 얘기를 나누고 있었다. 로시츠키 영감은 식탁에 앉아 있는 그들을 내려다보았다.

"너희들이 실망하지 않길 바라지만, 오늘 밤엔 그 차를 양보해야 할 것 같구나. 너희들 중에서 몇 명은 이웃사람들에게 신세를 지려무나."

그러자 그들의 낯빛이 변했다. 그들은 한 주 내내 열심히 일을 한데다가, 아직은 어린 면도 있었다. 새로 나온 잭나이프나 사탕봉지를 보면 어린 막내뿐만 아니라 제법 큰 형들조차도 기뻐하는 상황이었다.

"아버지와 어머니가 읍내에 가실 거라면, 아무튼 우리 한 두 명쯤은 데려가실 수 있잖아요." 프랭크가 말했다.

"아니, 난 그 차를 루돌프의 집으로 몰고 가서, 그 애가 자기 처를 영화관으로 데려가게 할 거야. 폴리는 그동안 읍내에 자주 가질 못했어. 아마 많이 심심할 거야. 루돌프가 아직 자동차를 살 여유가 되는 것도 아니고."

그것으로 얘기는 끝났다. 아이들은 타격이 무척 심했다. 아버진 사과

케이크를 한 조각 더 가져온 후 말을 계속했다. "다음 주 토요일 밤에도 그 둘은 함께 가게 될 거야."

"오, 그러면 루돌프 형이 토요일 밤마다 줄곧 그 차를 사용하는 거예요?"

로시츠키 영감은 즉답은 피했지만 진지하게 말을 이었다. "잘 들어라, 애들아. 요즘 폴리의 안색이 좋지 않아. 난 그게 누구라도 슬퍼하는 모습을 보고 싶진 않다. 도시처녀가 농부의 아내가 된다는 건 힘든 일이야. 난 큰 애의 가족에 문제가 생기는 것을 원치 않는다. 일단 문제가 생기기 시작하면, 그것을 멈추는 건 그렇게 쉬운 일이 아니야. 미국인 처녀가 단번에 우리의 생활방식에 적응할 수는 없겠지. 난 폴리에게 새해가 지나서도 토요일 저녁마다 차를 사용해도 된다는 말을 해줄 생각이다. 물론 너희들이 괜찮다면 말이다."

"물론, 괜찮고말고요. 그렇게 생각한 것은 잘하신 일이예요." 메리가 끼어들며 말했다. "도회지 처녀들은 시골 처녀들에 비해 그런 생활에 더 익숙해요. 난 그 애가 루돌프를 농원에 불만을 갖게 만들지나 않을까 해서 밤마다 잠을 설치곤 했어요."

아들들은 안색을 좋게 유지하려고 애썼다. 그들은 토요일 밤마다 읍내에서 보내길 고대했었다. 그날 저녁 로시츠키 영감은 반마일 정도 떨어져 있는 루돌프의 작고 소박한 새 집으로 차를 몰고 갔다.

폴리는 소매가 짧은 줄무늬가 있는 면 드레스를 입고 저녁설거지를 하고 있었다. 그녀는 단정하고 호리호리한 몸매에 푸른 눈에 싱글 컷을 한 금발의 모습이었는데, 눈썹은 펄 양의 그것처럼 붓으로만 살짝 그린 것처럼 숱이 많이 줄어있었다.

"어서 오세요, 로시츠키 어르신. 아범은 헛간에 있을 거예요." 그녀는 그를 한 번도 아버님이나 메리를 어머님이라고 부른 적이 없었다. 그녀는 외국인과 결혼한 것에 대해 상당히 민감해하고 있었다. 그녀는 만약 루돌프가 빼어난 미남에다가, 언변이 뛰어나며, 적극적인 구혼자가 아니었더라면, 그와 결코 결혼을 하지 않았을 것이다. 그는 읍내에 있는 고등학교에서 그녀와 같은 반으로 졸업을 했는데, 그들의 우정은 학년 초부터 시작되었다.

로시츠키 영감은 들어오라는 청을 받진 않았지만, 안으로 들어갔다. "네 시동생들은 오늘저녁엔 읍내에 가지 않을게다. 그래서 너희 두 내외가 영화라도 보러가라고 차를 끌고 왔단다."

설거지할 그릇을 싱크대로 가져가던 폴리는 어깨너머로 그를 바라보았다. "고마워요. 하지만 일을 마치고나면 너무 늦을 것 같아요. 게다가 피곤도 하고요. 아마 그인 어르신과 함께 가길 원할 것도 같아요."

"아, 난 영화 같은 것은 보지 않는다. 난 너무 구식이거든. 가면서 공기를 좀 쐬면 피곤함이 사라질 거다. 청명한 밤이고, 춥지도 않으니 말이야. 얘야, 가서 몸단장이나 하려무나. 설거지며, 제반 정리는 내가 다 해 놓을 테니까."

폴리는 얼굴을 붉히며 머리를 뒤로 넘겼다. "그렇게 하시게 할 순 없어요, 로시츠키 어르신. 말도 안 되는 일이예요."

로시츠키 영감은 아무 말도 하지 않았다. 그는 부엌 출입문 뒤쪽에서 못에 걸려 있는 가슴받이가 달린 앞치마를 찾아냈다. 그는 앞치마를 뒤집어써 두르고는 며느리의 팔꿈치를 잡고 그녀를 방이 있는 쪽으로 부드럽게 밀었다. "난 아이들이 아프거나 할 때면 네 시어머니를 대신해서 설거지를 하곤 했단다. 자, 넌 들어가서 예쁘게 꾸미기나 하렴. 난 네가 읍내에 가면 다른 여자들보다 더 예뻐 보였으면 좋겠다. 젊은 사람들은 즐겁게 지내야 해, 그렇게 되도록 후원자가 되 주마, 얘야."

자신의 팔꿈치를 한 번 더 지그시 잡아주는 친절한 노인의 행복한 눈빛을 보는 순간 폴리는 그의 어깨에 머리를 기대고 싶은 충동을 느꼈다. 그녀는 그러고 싶은 마음을 실행하진 못했지만, 그의 손길을 느끼면서 한 동안 문 앞에서 그대로 머물다가 눈물이 가득고인 눈을 하고는 더듬거리며 말했다. "어르신께서는 젊은 시절엔 항상 도시에서 생활하셨지요, 그렇죠? 이렇게 외진 곳에서 외롭진 않으세요?"

그녀가 그에게 방향을 돌렸을 땐, 그녀의 손은 자연스럽게 그의 손에 들어가 있었는데, 그는 며느리의 손을 지그시 쥔 채로 책망의 빛이라곤 티끌만큼도 없이 모든 것을 다 이해한다는 듯 관대하면서도 독특한 미소를 지으며 그녀를 바라보았다. “대도시는 부자들이 살기에 좋은 곳이지, 가난한 사람들에겐 살아가기가 지독하게 힘든 곳이란다.”

“전 잘 모르겠어요. 때때로 전 새로운 기회를 잡고 싶기도 해요. 어르신께서는 뉴욕에도 살아보셨죠, 그렇죠?”

“런던에서도 살았었지. 그곳은 뉴욕보다는 큰 도시지. 내가 생업을 배운 곳도 바로 거기란다. 큰 애가 오는 구나, 어서 서둘러라.”

“언제 런던에 대해 말씀해주시겠어요?”

“그렇게 하자꾸나. 말 재주는 없지만 말이다. 자, 아가 어서 가서 옷을 갈아입도록 해라.”

그녀가 침실로 들어가 문을 닫자, 루돌프가 초조한 얼굴을 하고 안으로 들어왔다. 그는 밖에서 차를 본 후, 가족 중의 누군가가 그 시간에 온 것을 유감스러워 했다. 저녁식사 때가 그리 즐겁지는 않았기 때문이었다. 문가에 잠시 서 있던 그는 아버지가 부엌용 앞치마를 두르고 접시를 싱크대로 가져가는 모습을 보았다. 그는 얼굴이 붉어지면서 놀란 눈이 되었다. 로시츠키 영감은 손가락을 들어 그를 진정시켰다.

“너희 부부가 영화라도 보러가도록 차를 가져왔다. 그리고 시간에 늦지 않도록 네 처를 대신하여 내가 설거지를 하겠다고 나선 것이다. 가서 깨끗한 셔츠로 갈아입도록 해라, 빨리 서둘러라!”

“하지만 동생들이 차를 원하지 않았어요, 아버지?”

“아니, 오늘을 그러지 않을게다.” 로시츠키 영감은 앞치마 속에서 손을 이리저리 더듬으며 바지주머니를 찾았다. 그는 은화 1달러를 꺼내고는 낮은 목소리로 재빨리 말했다. “오늘 밤 그곳에 가면 네 처에게 아이스크림이나 좀 사주렴, 구애하는 분위기라도 내면서 말이다. 그 앤이 애비를 아주 다정하게 대해주는구나.”

루돌프는 시내에 나갈 돈은 부족했지만, 자존심은 있어 떨떠름한 표정으로 그 돈을 받았다. 그 해엔 전국적으로 농작물이 흉년이었다. 그는 하필이면 그러한 해에 결혼한 것을 여러 번 후회했던 차였다.

얼마 후 아들내외는 말끔하지만 다소 경직된 표정으로 방에서 나왔다. 로시츠키 영감은 그들을 서둘러 내보내고는 설거지를 마저 끝냈다.

그는 크고 작은 냄비들을 문질러 닦고 우유를 치운 다음 부엌 전체를 청소했다. 그는 큰 애 부부가 밤늦게 돌아올 때에 맞춰 따듯해지도록 난로에다 석탄을 조금 더 넣은 후 통풍장치를 닫아놓았다. 그런 후 그는 의자에 앉아 파이프 담배를 물고는 똑딱거리는 시계소리를 들었다.

일반적으로, 미국인 처녀와 결혼하는 것은 분명 위험이 있다. 체코인은 체코인과 결혼해야 한다. 폴리가 가난한 미망인의 딸인 것은 그나마 다행스러운 일이었다. 루돌프는 자부심이 강했는데, 만약 그녀가 그에게 불평이나 해대는 부유한 집안출신이었다면, 그들은 아마도 그토록 순탄하게 살아가지는 못했을 것이다. 폴리는 네 자매 중 한 명이었는데, 그들은 모두 직업이 있었다. 한 명은 은행에서 관리인으로 일했고, 또 다른 한 명은 음악을 가르쳤다. 폴리와 막내 여동생은 펄 양과 마찬가지로 점원으로 일을 했었다. 그들 자매는 모두 음악에 재능이 있었으며, 그에 걸맞게 아름다운 목소리를 지니고 있었고, 큰언니가 지휘를 맡고 있는 감리교 합창단에서 성가대원으로 활동을 하기도 했다.

폴리는 가게의 점원으로 있으면서 그 당시 나누었던 사람들과의 교제를 그리워하고 있었다. 그녀는 합창대도 그리워했고, 자매들과 함께 지냈던 시절도 그리워했다. 그녀는 집안일을 싫어하지는 않았으나, 어떤 일들은 좋아하지 않았다. 로시츠키 영감은 아들내외의 관계를 약간은 우려하고 있었다. 그는 며느리의 불만이 커져 아들 루디(루돌프)가 농장을 그만두고 오마하로 나가 공장 일을 한다고 우기지나 않을까 걱정했다. 그 애는 결혼자금을 마련하려고 2년 전 겨울 한 철을 그곳에서 일한 적이 있었다. 그 당시 그는 매우 열심히 일을 했는데, 그가 일했던 가축사육장에서는 지금도 틈만 나면 그를 데려가려고 하고 있었다. 하지만 로시츠키에게 그것은 아들의 인생이 끝나는 것을 의미했다. *사람이 땅을 잃게 되면, 그는 한 평생 임금노동자나 노예, 즉 아무것도 소유하지 못하고 사람다운 사람이 되지도 못하는 것이다.*

로시츠키 영감은 새해가 지나면 이 집에 와서 며느리를 위해 가구를 좀 만들어 주어야겠다고 생각했다. 그는 며느리의 마음을 기쁘게 해주는 일이 필요하다고 느꼈다. 아들 녀석은 진지한 편이었다. 그는 사랑하는 것도 일하는 것과 마찬가지로 진지하기만 했다.

로시츠키 영감은 파이프의 담뱃재를 털어버리고는 밭을 가로질러 집으로 향했다. 눈앞에 보이는 부엌창문으로부터는 호롱불빛이 새어 나오고 있었다. *자신이 아직도 베시스트리트에 있는 양복점에서 얼굴이 창백하고 어깨가 좁은 기계 일을 하는 아이들과 더불어 재봉사로서 남아 있었다면, 그는 아마도 집으로 돌아오는 길이 무척 피곤했을 것이고, 거실과 겸용으로 쓰는 부엌에서 침울하게 저녁을 먹고 있었을 것이다. 그곳에서는 지금도 여러 가구의 사람들이 식품, 식기 운반용 승강기 통로의 맞은편에서 화가 나 싸우고 있을 것이고, 낡은 빗자루와 대걸레 그리고 쓰레기통이 나뒹굴고 있는 마당에서 더러운 빨랫감이 걸려 있는 빨랫줄이 매어 있는 창문의 도르래를 삐거덕거리면서 끄집어 내리고 있을 것이다.* 그는 풍차 옆에 멈춰 서서 혹한의 겨울 별들을 바라보았고, 집안으로 들어가기 전에 숨을 한 번 깊이 들이마셨다. 반짝이는 유리창의 부엌은 그에게 편안함을 주었다. 하지만 잠자고 있는 들녘과 밝게 빛나는 별 그리고 고귀한 어둠은 그에게 훨씬 더 사랑스럽게 느껴졌다.

제5장

크리스마스 전날은 날씨가 매우 추웠다. 눈은 내리지 않았지만, 살을 에는 듯 매서운 바람은 휘파람 소리를 내며 평평한 들판을 메아리치듯 쓸고 가면서 마치 가는 철사로 때리듯 얼굴에 부딪쳤다. 집에서는 하루 종일 빵이 구워지고 있었고, 로시츠키 영감은 집안에 앉아 앨버트가 입기엔 작은 코트를 존의 몸에 맞게 수선을 하고 있었다. 메리는 크리스마스에 맞춰 커다란 붉은 제라늄이 활짝 꽃을 피우도록 가꿔 놓았고, 열매가 가득 달린 옥산호관목도 창틀에 맞춰 나란히 키워 놓고 있었다. 그녀가 이 꽃과 관목을 키운 것은 올해가 처음인데, 그 씨앗들은 에드 박사가 어떤 의사협의회에 참석했다가 오마하에서 사다 준 것이었다. 메리가 키운 꽃과 관목은 로시츠키 영감에게 젊은 시절 영국에서 보았던 식물들을 떠올리게 했다. 그래서 그는 오후 내내 바느질을 하며 아직까지도 마음을 움츠러들게 만드는 런던에서 지냈던 그 2년 동안의 일들을 생각하면서 자리에 앉아 있었다.

그가 처음 런던에 가게 된 것은 18세의 젊은이였을 때였는데, 그 당시 그는 땡전 한 푼 없었고, 과자제조업체에서 일하고 있는 것으로 알고 있던 사촌의 주소 이외엔 아는 사람 하나 없었다. 하지만 주소를 보고 과자가게에 갔을 때, 그는 사촌이 이미 미국으로 가버린 것을 알게 되었다. 안톤은 며칠 동안 남의 집 문가나 강둑에서 잠을 청하며 거리를 터벅거리며 돌아다니다가 결국엔 큰 절망에 빠지게 되었다. 그는 영어를 한 마디도 할 줄 몰랐기 때문에 주변에서 들려오는 낯선 언어의 음성들이 그를 혼란스럽게 만들었다. 그러던 중 그는 우연히 비엔나에서 기술을 배우기도 했고 체코어도 조금 할 줄 아는 가난한 독일인 재봉사를 만났다. 그 재봉사는 이름이 리프슈니쯔로 치프사이드에 있는 한 건물로 구두수선공이 쓰는 바로 아래층인 지하실에다 수선가게를 운영하고 있었다. 그는 견습공이 꼭 필요한 것은 아니었지만, 그 청년을 안타깝게 여겨 임금은 없지만 숙식을 해결해주고 일거리를 가져다 줄 때 생기는 부수입을 넘겨주는 조건으로 그를 받아들였다. 부수입은 일거리를 손님의 집으로 가져다 줄 때 받게 되는 몇 푼의 동전이었다. 하지만 대부분의 손님들은 자신들이 맡긴 옷을 직접 찾아갔기 때문에, 안톤이 받게 되는 동전은 거의 없었다. 그렇지만 그는 적어도 잠을 잘 수 있는 장소는 마련했다. 리프슈니쯔 재봉사 가족은 부엌과, 부부와 다섯 아이들이 함께 쓰는 침실과 거실을 합해 세 개의 방이 있는 2층에서 생활했다. 그런데 그 중 거실은 양쪽 모서리를 기준으로 커튼을 쳐서 숙박인들을 머물도록 했는데, 한쪽 거실에서 로시츠키는 말갈기를 채워 넣은 낡은 소파에서 깃털이불을 몸에 두르고 잠을 잤다. 그리고 다른 한쪽은 바이올린을 공부하고 있던 형편없이 더러운 청년에게 세를 내어주고 있었다. 그는 늘 그곳에서 연습을 했다. 로시츠키 역시 더럽긴 마찬가지였다. 그곳에서 깔끔한 사람이 되기란 불가능했다. 리프슈니쯔 부인은 한참 떨어져 있는 벽돌로 둘러싼 안뜰에 있는 펌프까지 걸어가 요리나 세면용의 물을 길어오고 있었다. 그곳에서는 그 가엾은 부인의 헌신적인 노력에도 불구하고 갖가지 해충과 수없이 많은 벼룩들이 떠날 줄을 몰랐다. 로시츠키는 그녀가 굶주림으로 슬픔이 깃든 눈을 한 자신과 또 한 명의 세입자 청년에게 감자 한 개나 수프를 한 숟가락이라도 더 먹이기 위해 종종 굶기도 한다는 것을 알고 있었다. 그는 그곳에 머물던 내내 자기는 그곳을 절대로 벗어나지도 못할 것이고, 가난에서 벗어나지도 못할 것이라는 생각을 하곤 했다. 실제로 그는 자신의 옷이 너덜너덜한 누더기가 되었을 때, 그것을 때울만한 천 조각이 하나도 없는 경우가 생기면, 그때는 정말로 어찌할 것인가? 하는 문제를 심각하게 고심하고 있었다.

늙은 농부가 바느질감을 옆으로 치우고 과거에 대한 회상을 접은 때는 여전히 이른 시간이었다. 하늘은 하루 종일 어두운 잿빛이었고, 햇빛은 한 줄기도 보이지 않았으며, 그나마 4시 경에는 환한 기운마저 사라졌다. 그는 칠면조가 구워지는 동안 면도를 한 다음 셔츠를 갈아입었다. 루돌프와 폴리가 저녁식사를 하러 왔다.

식사가 끝나자 온 집안 식구들은 부엌에 나란히 둘러 앉았고, 어린사내아이들은 눈이 오지 않아 너무도 아쉽다는 말을 하고 있었다. 가족 모두가 다 아쉬워하고 있었다. 그들은 오랫동안 쌓여서 밀을 따듯하게 감싸주고, 천천히 녹으면서 촉촉하게 땅을 적셔줄 함박눈을 기대했었다.

"그래요, 아버지!" 루돌프는 불쑥 말을 하기 시작했다. "작년처럼 올해도 가뭄이 계속된다면, 우린 정말 어려운 시기를 맞게 될 거예요."

로시츠키 영감은 파이프 담배 속을 채웠다. "너희는 진짜 어려운 시절이 어떤 것인지는 알지 못한다. 너흰 누구에게 빚을 진적도 없고, 먹고 따듯하게 입을 것은 충분한데다가, 깨끗하게 씻을 물 또한 충분하잖니. 그러면서도, 어렵다고 말을 할 순 없는 법이지."

루돌프는 얼굴을 찌푸리며 커다란 오른손을 쭉 폈다가 접으면서 무릎 위에다 올려놓으며 주먹을 꽉 쥐었다. "그것만으로는 부족해요, 아버지. 그것만으론 농사에 모든 것을 걸 순 없어요. 전 철도부설 공사장이나 포장공장에선 늘 많은 돈을 받을 수 있었어요. 물론 따로 돈을 모을 수도 있었고요."

"그럴 수도 있었겠지." 아버지는 시큰둥하게 대답했다.

식품 저장고에서 방금 돌아와 롤러 타월에다가 손을 닦고 있던 메리는 루디와 남편이 서로에 대해 심각해지고 있다는 생각을 했다. 그녀는 짜깁기용 바구니를 가져와서는 그들 사이에 끼어 앉았다.

"난 어려운 시절이 그리 겁나지 않는구나, 루디야." 그녀는 진심에서 그렇게 말했다. "우린 이제까지 힘겨운 시간을 많이 겪어 왔지만, 그럴 때마다 잘 극복해왔잖니. 너희 아버지는 아무리 힘든 때라도 어떻게 해서든 생활은 꾸려 가실 것이다. 아버지에 대해 해줄 말이 있다. 너희들 모두 끔찍하게 뜨거운 바람이 불어왔던 그 해, 모든 것들이 다 타 죽었던 바로 그 독립기념일(7월 4일)을 기억하고 있겠지? 옥수수나 채소도 모두 다 그렇게 되었지. 자주개자리조차 자라지 않는다는 말이 나돈 것도 아마 그때였을 게다. 글쎄, 실제로도 그랬을 것이야."

"자 내 말 좀 들어보렴, 바로 그 날도 너희 아버지는 들로 나가 옥수수를 돌보고 있었고, 난 바로 이 부엌에서 자두통조림을 만드는 중이었다. 우린 그 해에 부셸 용기로 몇 통의 자두를 수확했단다. 그 날은 지독히도 더웠는데, 그렇지 않아도 통조림을 만들 땐 부엌은 항상 뜨겁잖니. 하지만 난 자두통조림을 만드는 일에 열중한 나머지 더위 따위는 신경 쓸 여지가 없었단다. 너희 아버지는 3시 경에 들에서 돌아왔는데, 난 그이에게 무슨 일이 있느냐고 물었어.

'일은 무슨 일,'이라고 너희 아버지는 말씀하시더군. '그저 몹시 더울 뿐이야, 오늘은 더 이상 일은 하지 못할 것 같아.' 그이는 얼마간 이리저리 다니다가 말을 이으시더구나. '아직 멀었소? 오늘 저녁엔 상을 푸짐하게 차렸으면 하는데, 독립기념일이지 않소.'

난 너희 아버지에게 지금 막 통조림을 만들고 있는 중인데, 그것을 비스킷 위에 놓아먹으면 맛있을 것 같다면서, 잠시 나가 있으라고 했단다. 그러자 그인 '그럼 난 튀김 닭 요리라도 해야 겠소.'라고 말한 후 밖으로 나가 닭을 두 마리 잡으시더구나. 그땐 너희 큰 아이 셋도 아직 어릴 때였는데, 너흰 땡볕에서 땀을 뻘뻘 흘리며 놀고 있었지. 그러자 아버진 너희들을 풍차 옆에 있는 말 수조로 데려가 옷을 벗기고는 그 안에다가 집어 넣으셨어. 저쪽에 있는 회양목과 딱총나무 두 그루는 그때만 하더라도 상당히 작았었는데, 그런대로 수조 위에 그림자를 드리우긴 하더구나. 그러더니 그인 자기도 옷을 벗고, 너희들이 있는 수조로 들어가셨어. 그이가 너희들과 물놀이를 하던 그때, 감리교회의 목사님께서 그 날 저녁 학교사택에서 비를 기원하는 기도회에 이웃사람들이 모두 참여하기를 바란다는 말을 하러 우리 집에 들르셨다. 그는 차를 풍차 옆에다 대셨는데, 당연히 그곳엔 너희 아버지와 너희들 셋이 옷을 하나도 걸치지 않고 있지 않았겠니. 난 부엌문간에 있었는데, 목사님께서 벌거벗은 사람을 전에 한 번도 본적이 없는 것처럼 행동하시는 것을 보고는 웃음이 터져 나왔단다. 목사님은 정말로 당황하신 것 같았고, 그이도 옷을 입을 수가 없었지. 땀을 말리려고 옷들을 모두 풍차 위에다 걸어 놓았었거든. 그래서 그인 꼼짝없이 수조에 누워, 너희 중 한 명을 몸 위에 올려놓으며 드러난 맨살을 조금이나마 가리면서 그분께 대답하셨지.

너희들이 물놀이를 끝마쳤을 때, 아버진 너희들에게 깨끗한 옷을 입히고, 당신도 깨끗한 셔츠를 입으시었어. 그러고는 내가 저녁을 차릴 무렵 말씀하시더구나. '이곳은 너무 더워 편히 먹을 수가 없겠소. 과수원으로 소풍을 나갑시다. 참피나무 밑에 있는 뽕나무 울타리 앞에 앉아 저녁을 먹읍시다.'

그러더니 너희 아버진 저녁밥과 자연산 포도주 한 병 그리고 맛있어 보이는 것들을 챙겨가기 시작했어. 태양이 지자 공기는 시원해지기 시작했고, 그러자 한결 견딜 만하더구나. 하지만 참피나무 가지 위의 나뭇잎들은 다 오그라들어 있었지. 그 모습을 보자 퍼뜩 어떤 생각이 떠오른 난 그이에게 하루 종일 뜨거운 공기가 채소와 옥수수도 망쳐놓지 않았느냐고 물어보았어.

'옥수수라, 이제 옥수수는 하나도 없게 되었소.' 그인 말했지.

'도대체 무슨 말이에요? '40에이커에서 건질 것이 조금도 없다는 말이에요?' 난 따져 물었지.

'한 통도 얻지 못 할 거요. 우리뿐 아니라 마을 사람 모두가 아무것도 얻지 못할 거요. 오늘 3시경에 이 지역에 있는 모든 옥수수는 완전히 쪄진 상태가 되었소. 말 그대로 찜통에서 찐 것처럼 말이오.' 그인 이렇게 대답하시더구나.

'그럼 거둬들일 것이 하나도 없다는 말이에요?' 난 다시 물어 보았지. 난 도무지 믿을 수가 없었어, 너희 아버진 정말이지 열심히 일하셨거든.

'올핸 그럴 것 같소.' 잠시 후 아버진 말을 이으셨지. '그 때문에 우리가 소풍을 나온 것이지 않소. 우린 가진 것만으로도 즐길 수가 있잖소.'

그게 너희 아버지가 살아가는 방식이란다. 온 이웃사람들이 얼굴을 쳐다보지도 못할 정도로 낙담해 있는 상황인데도 말이지. 그런 방식 덕분에 우린 그 해도 즐겁게 보낼 수가 있었어. 물론 가난하긴 했지만 말이다. 이웃사람들은 불행한 티를 고스란히 내보였지만, 그렇다고 해서 그들의 생활이 조금이라도 더 나아지진 않았단다. 그들 중 일부는 매일같이 비통해한 나머지 소화기능도 떨어져, 나중엔 입맛조차 다 잃어버리더구나."

어린아이들은 아버지가 그들보다 상황을 더 잘 대처한 것 같다고 말했다. 하지만 장남인 루돌프는 그 일이 있고 난 후 15년이 흐른 지금 이웃사람들이 더 앞서가고 있다는 생각을 떨쳐버릴 수가 없었다. 아버지가 살아가는 방식엔 뭔가 잘못된 것이 있었다. 그는 폴리가 마음속으로 무슨 생각을 하는지 아버지가 알 수 있었으면 하고 바랐다. 그는 그녀가 아버지를 좋아한다는 것은 알고 있지만, 그녀가 마음의 벽을 쌓아놓고 있다는 것도 알고 있었다. 시어머니가 커피케이크나 자두파이 혹은 신선한 빵을 보내올 때면, 폴리는 그것들을 받으면서도 의구심을 버리진 못하는 것 같았다. 시동생들이 예절을 잘 지키는 것 같다고 말할 때조차, 그녀의 목소리엔 그들이 그렇게 하는 것이 응당 당연하다는 말투가 배어 있었다. 그녀는 시어머니와 함께 있을 때에는 몸이 경직되며 조심스러워했다. 시어머니의 숨김없는 솔직함과 끊임없이 쏟아내는 우스갯소리가 그녀를 긴장시켰던 것이었다. 폴리는 익숙하지 않은 것이나, 자신이 늘 입버릇처럼 말하는 "친숙한" 범주에 들지 않는 것이 있으면, 그것이 무엇이든 다 거북스러워했다.

메리가 말을 마치자, 로시츠키 영감은 파이프 담배를 옆에다 내려놓았다.

"너흰 내가 런던에서 겪었던 힘겨웠던 때에 관해 듣길 바라니?" 그들의 바람을 확인한 그는 이마의 깊은 주름을 문지르면서 자리에 앉았다. 긴 이야기를 영어로 하기란 부담스러운 일이었지만(그는 아이들에게는 대개 체코어로 말했다), 그는 며느리가 자신의 이야기를 직접 듣게 하고 싶었다.

"아마, 너희들은 내가 런던에서 일했던 그 양복점에 대해서는 잘 알고 있을 거야. 난 그곳에서 결코 잊지 못할 크리스마스를 경험했단다. 크리스마스 이전엔 그야말로 몹시 끔찍했단다. 사장은 일거리를 제대로 확보하지 못했고, 집세를 내는 것조차 힘겨워했다. 런던 같은 대도시에서 가난하다는 것은 정말로 고통스런 일이란다. 진열창마다 맛있는 음식이 풍성하고, 거리에 있는 행상인들의 손수레 또한 먹을 것이 쌓여 있어 항시 음식냄새가 진동을 하고 있는데도, 그야말로 땡전 한 푼이 없다는 생각을 해보아라. 외투가 없어 몸에 맞지 않는 작은 재킷만을 입고서 두 손이 붉게 튼다하더라도 난 어지간한 추위쯤은 개의치 않는다. 하지만 너희들도 알다시피, 식욕이 왕성한 나에게 진열창으로 보이는 돼지고기 파이는 참을 수 없는 고역이더구나!

크리스마스 전날은 그 해 중 안개가 가장 많이 낀 날이었는데, 그 안개는 뼛속까지 스며들어 그야말로 온 몸을 축축하게 적혀 놓을 정도였어. 리프슈니쯔 부인은 저녁으로 고기기름을 묻힌 빵을 조금 내놓았을 뿐인데, 그녀가 그렇게 한 것은 크리스마스에 우리에게 만찬을 차려주고 싶은 마음에서 그렇게 한 것이 있어. 저녁식사가 끝나자 사장님은 내게 자유롭게 시간을 즐기라고 말씀하셨지, 그래서 난 거리로 나가 크리스마스를 축하하는 가수들의 노랫소리를 들을 수 있었어. 그들은 흘러간 옛 노래를 부르며, 멋진 음악을 연주했고, 난 배고픔을 느끼기 전까지 그들을 한동안 따라다녔어. 난 집으로 돌아가면 아침까지 줄곧 잘 수 있을 거고, 그렇게 되면 허기도 잊을 수 있을 거라고 생각했단다.

난 아주 조용하게 내 방으로 들어가, 깃털이불로 몸을 감싸고 누웠어. 하지만 머리를 바닥에 대려는 찰나 고소한 냄새를 맡았어. 그 냄새는 점점 더 강해졌고, 난 도저히 잠을 이룰 수 없었어. 그것이 무슨 냄새인지는 알 수가 없었어. 마당 건너에 있는 홀엔 가스등불이 하나 켜져 있었는데, 거기서 나오는 불빛은 창문을 통해 항상 조금씩은 들어오고 있었어. 난 일어나 주위를 살폈지. 그러다가 난 의자 대신 쓰고 있는 방 한쪽 구석에 있는 작은 나무상자를 들어보게 되었다. 상자를 들어 올리니, 그 밑엔 구운 거위 한 마리가 쟁반 위에 받쳐 있는 것이 아니겠어! 내 눈조차 믿을 수가 없더구나. 난 그것을 빛이 들어오는 창가로 가져와 그것의 정체를 확인하기 위해 만지기도 하고 냄새를 맡기도 했단다. 그러다가 아마 난 그것을 맛보았던 것 같아. 뭐랄까, 난 정말로 아주 조금만 맛을 본 후 잠을 자야지, 그리고 내일이 되면 내가 먹은 만큼은 빼놓고 먹어야지라는 생각을 했던 것 같아. 그러나 고백하자면, 얘들아, 먹기를 중단했을 땐 이미 거위의 절반이 날아간 뒤였더구나!"

이야기를 하던 그는 머리를 숙였고, 사내아이들은 탄식을 했다. 하지만 막내인 조세핀은 그의 등 뒤로 다가가 그의 귀 밑 목덜미에 키스를 해주었다.

"불쌍한 우리 아빠, 이젠 배고프지 마세요!"

"아주 오래전의 일이란다, 얘야. 네 엄마가 요리를 해주기 시작한 후부터는 한 번도 배를 고파한 적이 없단다."

"나머지 이야기도 빨리 해주세요." 폴리가 말했다.

"그러자꾸나. 난 내가 한 행위를 깨닫게 되자, 온 몸의 힘이 쭉 빠지더구나. 뱃속은 좀 나아졌지만, 마음은 정말로 아팠어. 침대 위에다 무릎 위에 있던 쟁반을 내려놓는 순간 한 가지 생각이 퍼뜩 스치더구나. 가난한 부인께서 저 거위를 얼마나 힘겹게 구하셨을까, 그리고 배고파하는 당신의 아이들을 피해 내 방에다가 그것을 감추어 놓기까지 얼마나 많은 생각을 하셨을까하고 말이다. 내 방엔 구역을 나눠놓기 위해 낡은 양탄자를 하나 매달아 놓았는데, 아이들은 그 안으로 들어오는 것이 금지되고 있었지. 난 부인께서 그것을 내 방에다 갖다놓은 것은 내가 바이올린을 공부하는 그 친구보다 더 믿음이 있었기 때문이라는 것을 알고 있었지. 크리스마스를 망쳐놓은 상황에서 그녀의 얼굴은 도저히 볼 수가 없더구나. 그래서 난 신발을 신고 집을 나와 시내로 들어갔지. 난 차라리 강물에라도 뛰어드는 편이 더 낫겠다고 스스로에게 말했지. 하지만 그럴 수도 없었어.

자정이 넘은 시간이었고, 지독하게 춥기도 했지만, 난 밤새도록 런던 시내를 해매고 다녔어. 얼마간 강둑을 거닐기도 했지만, 그곳엔 남녀 할 것 없이 술주정뱅이들이 널려 있더군. 난 어쨌거나 경찰과는 거리를 두며 계속 걸어갔지. 그러다가 난 스트랜드 가로 접어들었고, 그다음엔 뉴 옥스포드스트리트로 들어서게 되었는데, 그곳엔 커다란 독일 레스토랑이 있었어. 그 레스토랑은 1층에 자리하고 있었고, 사방이 크고 멋진 유리창으로 되어 있었는데, 난 그 안에서 파티를 즐기는 사람들의 모습을 들여다보게 되었어. 그 안을 들여다보고 있는 사이, 두 명의 남자와 두 명의 숙녀들이 밖으로 나오더군. 그들은 웃고 떠들고 하고 있었는데, 하루 종일 먹고 마시고 해서 그런지 행복한 표정이었어. 그런데 그들은 체코어를 하고 있는 거야, 그것도 오스트리아 인들이 아니라 본국인들이 쓰는 그대로의 체코어를 말이지.

난 그 순간 평정심을 잃고, 그 전후에 한 번도 해 본적이 없는 행동을 하게 되었단다. 난 즐거움에 도취된 그들에게 가서 구걸을 하기 시작했어. '동포 여러분, 제발 저에게 거위 한 마리 살 돈을 적선해주실 수 있겠는지요!'

그들은 미소를 짓더니, 숙녀들이 다가와 친절하게 말을 걸더구나. 그들은 날 레스토랑으로 데리고 들어가더니 뜨거운 커피와 케이크를 사준 다음, 런던에 오게 된 경위와 자신들에게 바라는 것이 무엇인지를 물었단다. 그들은 내 이름과 내가 일하는 곳을 종이에다 적더니, 두 숙녀는 내게 10실링을 주더구나.

코번트가든에 있는 시장은 그곳에서 그리 멀지 않았어, 그리고 그 시간엔 이미 문을 연 때였지. 난 그곳으로 가서 큰 거위 한 마리와 돼지고기 파이, 감자와 양파, 그리고 아이들에게 줄 케이크와 오렌지를 좀 샀지, 물론 난 그것들을 혼자서도 거뜬히 들고 갈 수 있었어! 집에 도착했을 때, 집안사람들은 그때까지도 자고 있었어. 난 사온 것들을 부엌의 식탁 위에다 놓고, 안으로 들어가 침대 위에 몸을 누였지. 그 후 난 부엌으로 들어간 부인이 내지른 비명을 듣고서야 잠에서 깨어났지. 그녀는 몹시 놀라 어머나! 하는 소리를 질렀지. 그녀는 웃는 동시에 눈물을 흘리면서 나를 껴안았고 아이들을 모두 다 깨웠단다. 그녀는 만찬 때 쓰기 위해 아침에 그것을 먹지 않으려 하지 않았어. 그녀는 크리스마스 만찬을 그 날 아침에 차렸고, 우린 둘러 앉아 차린 음식을 모두 다 먹었단다. 난 그 전엔 한 번도 바이올린을 연주하는 친구가 자기

몫을 그 자리에서 다 먹어치우는 모습을 본 적은 없었어.

그 일이 있고 나서 이삼일 후, 전에 만났던 그 두 명의 남자가 나를 찾아 와서는 사장에게 나에 대해 물어 보았어. 그러자 사장은 나에 대해 좋게 말하면서, 착실한 젊은이라고 소개해주었지. 보헤미아 사람 중 한 명은 아주 영특한 사람으로 뉴욕에서 보헤미아인 신문사를 경영하고 있었어. 그리고 나머지 한 명은 엄청난 부자로서, 무역업을 하고 있었는데, 그 둘은 함께 여행을 하고 있던 중이었던 거야. 그들은 뉴욕에서 생활하는 편이 훨씬 더 나을 것이라고 말하면서, 곧 그곳으로 자신들이 돌아갈 때 내 뱃삯을 치러주겠다는 제안을 했단다. 사장은 이렇게 말하더군. '자네는 그곳으로 가게. 여기선 희망을 찾을 수 없을 거야. 난 자네가 잘 되는 모습을 보고 싶네. 자넨 집사람에게도 언제나 최선을 다해주었고, 우리 모두에게 훌륭한 크리스마스 만찬도 마련해주었지 않나.' 그렇게 해서 난 뉴욕에 오게 된 것이었어."

그날 밤 루돌프와 폴리는 등 뒤로 매서운 바람을 맞으며 팔짱을 끼고 벌판을 가로질러 집으로 돌아오고 있었는데, 새해엔 시댁의 가족들을 저녁식사에 초대할 생각이라는 아내의 말을 듣자 루돌프의 마음은 기쁨으로 가득 찼다. "풍성한 만찬을 준비해요. 당신 어머님은 손끝하나 거들지 않도록 하고요. 한 번쯤은 상을 받기만 하시도록 해요."

"정말로 고마워요, 여보." 그는 다정하게 말했다. 그는 매우 순박하고, 겸손한 젊은이였고, 늘 아내와 처형들이 자기가족들보다는 더 경험도 많고 세련된 사람들이라는 생각을 막연하게나마 하던 차였다.

제6장

그 해 겨울은 농부들에겐 몹시 혹독한 계절이었다. 지독히도 추웠고, 크리스마스 직전 가볍게 눈발이 내린 후론 더 이상 눈은 내리지 않았고, 비도 내리지 않았다. 3월은 2월보다 훨씬 더 혹독했다. 며칠 동안 바람이 매섭게 그 지역을 강타하고 있을 때, 로시츠키 영감은 창가에 앉아 있었다. 가을에 그와 아이들은 밀을 파종해놓았었는데, 그 씨앗들은 땅 속에서 완전히 얼어버렸다. 이제 땅 전체를 갈아 업고 옥수수로 다시 파종을 해야 할 것이다. 전에도 이런 일은 있었지만, 그 당시엔 그가 지금보다는 젊었을 때였고, 어떤 일을 하게 되던 걱정을 전혀 하지 않았을 때였다. 그는 자신감도 있었고, 아내에 대한 믿음도 있었다. 그는 힘겨운 일이 생겨도 자신들의 힘으로 견디어 낼 수 있을 뿐만 아니라, 어떻게든 잘 이겨낼 수도 있을 것이라는 신념도 있었다. 하지만 이제 그는 나이 어린 자식들에 대해선 아직 확신이 없었고, 아들과 며느리가 인생을 힘겹게 출발해야 한다는 것에 대해선 애처로움을 느끼고 있었다.

창틀이 덜컥대면서 그 틈으로 바람이 들어오고 있는 꽃이 가득한 창가에 앉아, 로시츠키 영감은 아주 오래 전 뉴욕의 가구공장 다락방에서 일요일이면 하곤 했던, 하지만 그 이후엔 한 번도 해본 적이 없는 명상을 하게 되었다. 그 당시에 그는 자신이 원하는 인생이 무엇인지를 찾으려 했었다. 그런데 지금 그는 자신이 아이들에게 바라는 것이 무엇인지를, 그리고 자기가 떠나간 후에라도 이곳에서 일을 하면서 이 땅에 자식들이 계속 살기를 그렇게 바라는 이유가 무엇인지를 찾으려 하고 있었다.

그들은 더 열심히 농사를 지어야 할 것인데, 그러면서도 생계를 꾸려가는 것 이상의 수확은 거두지 못할지도 모른다. 그러나 만약 그가 이곳에 계속 정착하는 자식들의 모습을 그려볼 수 있다면, 그는 그들에게 아무리 힘든 역경이 닥친다 해도 전혀 두려워하지 않아도 될 것이다. 고난, 틀림없이 고난은 있을 것이다. 씨앗이 땅 위로 너무 올라와 있으면 밀이 얼어붙는 어려움도 있을 것이고, 양식이 떨어지면 가축을 팔아야 하는 상황도 있을 것이다. 하지만 모든 일이 순조롭게 진행되는 해도 있을 것이고, 그렇게 되면 그 동안의 손실을 충분히 만회할 수도 있을 것이다. 그리고 수확하게 된 것은 고스란히 자신의 몫이 될 것이다. 노사 중 어느 편을 들어야 할 필요도 없을 것이고, 잘못된 선택을 해서 올바르지 못한 길을 갈 필요도 없을 것이다. 정직하지 않거나 야비한 사람들과 관계를 맺을 필요도 없을 것이다. 로시츠키 영감의 경험에서 끔찍하거나 무서웠던 것으로 남아 있는 것이 있다면, 그것은 도시의 부정직하거나 간교한 남자들과 교활하고 탐욕스런 여자들의 시선 속에서 보았던 표정이었다.

시골에선 비열한 이웃을 만나면, 그의 땅엔 발을 들여놓지 않고 그를 멀리하면 된다. 하지만 도시에선 이웃들의 저속함과 궁핍함 그리고 잔혹함을 피할 수 없다. 로시츠키 영감에겐 세상을 살아오면서 직면하게 된 최악의 것은 바로 사악하고 해로운 종자의 인간이었다. 오늘날까지도 그는 런던의 거리에서 보았던 끔찍한 얼굴들을 떠올릴 수 있었다. 어디나 비천한 사람들은 존재하기 마련이고, 그들의 고향인 시골의 소도시에서조차 그런 사람들은 실제로 존재했다. 그러나 그들은 동료를 착취하거나 속이면서 해를 끼치는 대도시의 사기꾼들만큼 노련하거나 비정하지도 또 잔인하지도 않았다. 그는 양복업계에서 함께 일했던 두 사람의 매장을 도운 적이 있었는데, 이때 그는 대도시에 있는 커다란 제조업체에 대해 불신을 하게 되었다. 이곳에선 누가 아프면 에드 박사가 돌보아줄 것이고, 죽게 된다면 세상에서 가장 친절한 뚱뚱한 헤이칵씨가 장례를 치러줄 것이다.

로시츠키 영감은 자신의 자식들처럼 착하고 정직한 아이들이 농사를 지으면서 겪을 수 있는 최악의 일은 그들이 도시에서 겪을 수 있는 최상의 일보다도 더 좋은 것이라는 생각이 들었다. 만약에 어떤 아이가 마음이 삐뚤어지고 모나서 형제들을 속이려고만 든다면, 어쩌면 도시는 그런 그에겐 적절한 장소가 될 것이다. 하지만 그는 그런 아이를 두지 않았다. 불평을 하는 루돌프조차 감동을 주는 사람에겐 자신의 모든 것을 아낌없이 줄 아이었다. 로시츠키 영감이 진정 아이들에게 바라는 것은 그들이 사람들의 잔혹한 본성을 많이 알지 않고서도 세상을 잘 살아갔으면 하는 것뿐이었다. 그는 때때로 "그 아이들의 엄마나 난 아이들에게 그런 훈련은 시키지 못한 것 같아."라고 혼잣말을 하곤 했다.

이런 생각은 그가 자신의 경우를 떠올려보게 하는 동기가 되었다. 얼마나 멋진 탈출이었던가! 젊은 시절에 그는 마지못해 돈을 지불하는 배고픈 아이의 손에서 수선비를 받은 적이 있었다. 물론 그것은 사장에게 줄 돈이었다. 하지만 지난 수 십 년간 그는 곤궁한 처지에 있는 사람들로부터는 돈을 단 한 푼도 받을 필요가 없었고, 삶의 고난과 굶주림 때문에 늑대처럼 변한 여자들의 얼굴을 쳐다볼 필요도 없었다. 이런 생각이 들 때면, 로시츠키 영감은 모자를 쓰고 재킷을 입고는 헛간으로 내려갔고, 그곳에서 그는 침을 흘리는 말에게 손으로 귀리를 조금씩 더 주곤 했다. 그렇게 하는 것이 그가 자신의 감정을 표현하는 것이자, 기쁨에 넘쳐 호탕한 웃음을 짓는 유일한 방식이기도 했다.

봄이 오자 날씨는 따듯해졌고, 푸른 하늘이 보일 때가 많아졌다. 하지만 대지의 모든 것들은 바짝 말라붙었다. 사내아이들은 옥수수를 경작하기 위해 밀밭을 갈아 엎기 시작했다. 로시츠키 영감은 담장구석에 서서 그들의 일하는 모습을 지켜보곤 했는데, 너무나 메말라 있던 땅은 갈색의 먼지구름을 일으키면서 말과 1인승 이륜마차 그리고 마부 모두를 완전히 가리곤 했다. 전망이 좋지 않았다.

집과 루돌프의 집 사이에 있는 큰 자주개자리 들판은 푸른색을 띠기 시작했으나, 로시츠키 영감은 바람이 사정없이 몰아쳤던 지난 겨울동안 엄청나게 많은 러시아산 엉겅퀴들이 그곳으로 날아와 자리를 잡았던 것을 걱정하고 있었다. 그는 아이들에게 그것들을 갈퀴로 걷어내라고 여러 번 말을 했다. 그는 엉겅퀴 씨가 뿌리를 내려 "자주개자리 자리를 차지하지나 않을까" 하는 염려를 했다. 루돌프는 터무니없는 소리라고 그의 말을 일축했다. 아이들은 옥수수 심기에 혼신의 힘을 다했기 때문에, 아버지로서도 계속 엉겅퀴 얘기만 할 수는 없는 입장이었다. 하지만 그는 자주개자리 들판 옆에다가 커다란 저장소를 만들어 놓았다. 그것은 자주개자리가 귀중한 풀이었을 뿐만 아니라, 그가 그렇게 한데는 어떤 더 깊은 이유, 막연하지만 어떤 확고한 믿음이 있었기 때문이었다. 자주개자리 특유의 푸른색은 로시츠키 영감에게 오래전 그가 유년시절이었을 때의 일을 기억을 떠오르게 했는데, 그것은 그가 짙은 청색의 자주개나리 들판에서 뛰놀곤 했던 때의 경험이었다.

어느 날 아침 루돌프가 헛간에다가 말과 농기구를 그대로 둔 채 차를 몰고 읍내로 가게 되었는데, 그때 로시츠키 영감은 말에다 마차용 써레를 매달고 천천히 엉겅퀴들을 긁어모으기 시작했다. 그는 그렇게 하면서 죄의식이 들긴 했지만, 7년간 진료 후 처음으로 휴가를 내어 시카고에서 열리는 임상학회에 참석차 자리를 비우고 있는 에드 박사의 당부를 몰래 어긴다는 느낌이 재미있기도 했다. 로시츠키 영감은 엉겅퀴들을 긁어모은 뒤에도 쉴 틈도 없이 그것들을 불태웠다. 그러는데 시간이 한참이나 걸렸고, 호흡도 점차 가빠지기 시작하자, 그는 말들을 다시 헛간에다 끌어다 놓아야겠다는 생각을 하게 되었다.

그는 말과 농기구를 헛간으로 옮긴 다음 말들은 마구간으로 데리고 갔지만, 심장에 통증이 너무도 심해져 마구를 벗겨낼 엄두는 내지 못하였다. 그는 집으로 방향을 잡았지만, 걸음을 내디딜 때마다 허리는 점점 더 굽어지고 있었다. 심장의 경련은 잭나이프처럼 그를 마비시키고 있었다. 풍차가 있는 곳에 도착했을 때, 그는 비틀거리며 사다리를 움켜잡았다. 그 순간 그는 며느리가 날렵한 사냥개처럼 빠른 속도로 언덕을 뛰어내려오는 것을 보게 되었다. 눈 깜짝할 새에 그녀는 그의 겨드랑이를 부축했다.

"제게 기대세요, 아버님, 온전히 기대세요! 걱정하지 마세요. 무사히 집안에 들어설 수 있을 거예요."

로시츠키 영감은 앞을 볼 수 없을 만큼의 통증으로 서 있는 것조차 힘겨웠고 똑바로 걷지도 못했지만, 어쨌든 그들은 집안으로 들어설 수 있었다. 얼마 후 그는 며느리의 침대에 누워 있다는 것을 의식할 수 있었는데, 그녀는 뜨거운 물에다 적신 수건을 비틀어 짠 다음 허리를 굽혀 그것을 자신의 가슴에 대면서 찜질을 하고 있었다. 그러는 도중 그녀는 잠깐씩 멈추면서 난로에다 석탄을 보충하며 차 주전자와 검게 그을린 냄비를 계속 뜨겁게 하고 있었다. 나중에 한 그녀의 말에 따르면, 그녀는 찜질용 수건을 근 한 시간동안이나 시아버지의 몸에 올려놓았었는데, 그사이 파랗고 뻣뻣하게 굳은 그의 몸에선 식은땀이 줄곧 발산되고 있었다.

통증이 차츰 완화되어가면서, 턱의 경직도 풀리기 시작했고, 눈 주위에 있는 검은 고리 모양도 사라지자, 그의 몸은 조금이나마 원래의 피부색으로 돌아왔다. 마침내 며느리가 그의 가슴 위로 셔츠의 단추를 채우자, 그는 한숨을 내쉬었다.

"이제 괜찮아, 한결 나아진 것 같구나, 얘야. 끔찍한 발작이었던 것 같구나. 하필 네 앞에서 그렇게 되어 정말로 미안하구나."

폴리는 얼굴이 붉게 상기되어 흥분해서 말했다. "통증이 정말로 사라진 거예요? 아버님 댁으로 잠깐 전화 좀 하고 와도 될까요?"

로시츠키 영감의 눈꺼풀은 떨리고 있었다. "얘야, 그럴 필요 없다. 괜히 아내에게까지 걱정을 끼치고 싶진 않구나. 지금 이곳이 아늑하고 조용하니, 너만 괜찮다면, 기운이 날 때까지 조금만 더 누워 있고 싶구나. 이젠 통증도 사라진 듯 해, 여긴 참 편안하구나."

폴리는 그를 굽어보면서 얼굴의 물기를 닦아 주었다. "오, 통증이 사라졌다니 얼마나 다행인지 몰라요!" 그녀는 갑자기 감정이 복받쳐 말했다. "아버님이 고통스러워하는 모습을 보니 제 마음이 찢어지듯 아팠어요, 아버님."

로시츠키 영감은 그녀에게 차 주전자가 놓여 있던 의자에 앉으라는 손짓을 하면서, 애정 어린 눈빛으로 그녀를 올려다보았다. "넌 참 좋은 사람이야, 결코 잊지 않으마. 네 앞에서 이런 꼴을 보이는 것이 아닌데. 저 아래 헛간에서 난, '저 앤 아픈 사람에 대한 경험이 없을 텐데, 놀라게 하면 어쩌지, 어쩌면 아기를 가졌을 수도 있는데,' 하는 생각을 했단다."

폴리는 그의 손을 잡았다. 그는 그녀를 애정과 신뢰가 흠뻑 담긴 눈으로 뚫어져라 바라보았다. 그것은 마치 그의 눈이 그녀의 얼굴을 애무하면서, 쾌락을 느끼며 바라보는 것처럼 보였다. 그녀는 앙증맞게 눈썹을 찌푸리면서, 그를 향해 웃음을 보내주었다.

"제 생각엔 아마도 그러한 일이 진행되고 있는 것 같아요. 하지만 아직 누구에게도 이야긴 하지 않았어요, 친정어머니나 남편에게까지도요. 아버님께서 처음으로 아시게 된 것이에요."

그의 손은 그녀의 손을 꽉 잡았다. 그녀는 그의 손에 다시 온기가 돌고 있는 것을 느꼈다. 그의 황갈색 눈에서의 반짝임이 점점 더 가까이 다가오고 있는 듯 했다.

"얘야, 정말로 그 아이를 보고 싶구나."라는 말이 그가 한 전부였다. 그런 후 그는 눈을 감고는 반쯤 미소를 띤 채로 누워 있었다. 하지만 폴리는 그 자리에 그대로 앉아 깊은 생각에 잠겼다. 그녀는 이 세상에서 그 어떤 사람도, 자신의 어머니나 남편 그리고 그 누구도 시아버지만큼 자신을 사랑해준 적이 없다는 느낌이 불현듯 들었다. 그런 느낌이 그녀를 당황스럽게 만들었다. 그녀는 자리에 가만히 앉아 얼굴을 찌푸려가면서까지 그것의 정체를 알아내고자 했다. 그것은 로시츠키 영감의 사람을 사랑하는 특별한 재능, 이를테면 음악이나 색상에 대한 감식력과 같은 타고난 능력이리라. 시아버지의 사랑은 은근한 것이지, 유별나게 도드라지는 것은 아니었다. 그저 존재하는 것이었다. 그것은 눈에서도 그대로 보이고 있었는데, 그런 사랑이 담겨 있는 그의 눈은 행복해보였다. 그의 사랑은 또한 손에서도 느껴지고 있었다. 그가 잠에 빠져든 이후에도, 그녀는 그의 따듯하고, 크고, 유연하며 갈색인 손을 잡은 채로 앉아 있었다. 그녀는 아직 한 번도 그와 같은 손을 잡은 적이 없었다. 그녀는 집시의 손이 이렇지 않을까 하는 생각이 들었는데, 생동감이 넘치는 그의 손은 민첩하면서도 마치 가볍게 소통이라도 하는 듯해 농부의 손이라고 하기엔 이상할 정도였다. 그녀가 알고 있는 대부분의 농부들은 모두가 망치처럼 울퉁불퉁한 큰 주먹을 갖고 있었는데, 그것들은 매듭이 져 있고 뼈가 도드라져 보기에도 흉했고, 손가락 또한 뻣뻣하게 굳어 있었다. 하지만 시아버지의 손은 수은처럼 유연성이 있으면서도 근육이 잘 발달했고 연한 시가의 색을 띠고 있었다. 그리고 손바닥에는 손금이 아주 깊게 나 있었다. 그의 손은 경직되지 않았고, 우둔하게 뭉툭한 덩어리처럼 생기지도 않았다. 그것은 따듯하고 갈색으로 사람의 향기가 나는 손이었고, 거기엔 명민함이나 무한한 관대함, 그리고 그녀가 "집시와 같은"(동물처럼 민첩하고 생동감이 있는 노련미)으로 밖에는 표현할 수 없는 무엇인가가 깃들어 있었다.

폴리는 얼마간 시간이 흐른 후에야 그때를 기억했는데, 그때는 그녀에겐 각성의 순간과도 같은 것이었다. 그녀는 시아버지의 손을 통해서 인생에 관해 가장 많은 것을 배운 것 같다는 느낌이 들었다. 그 손을 통해 그녀는 자신을 성찰할 수 있었다. 그 손은 꼬집어 뭐라 설명할 수는 없지만, 직접적으로 어떤 메시지를 전달해주고 있는 것만은 틀림이 없었다.

루돌프가 탄 차의 소리가 들리자, 그녀는 밖으로 나가 그를 맞이했다.

"오, 여보, 당신의 아버지가 몹시 편찮아요! 아버님은 그동안 늘 걱정하시던 엉겅퀴를 긁어 모으셨는데, 그 일을 마치고는 겨우 집안으로 들어오셨어요. 몸이 너무 편찮으셔서 돌아가시지나 않을까 걱정이에요."

루돌프는 차에서 뛰어 내렸다. "지금 어디에 계셔?"

"침대에. 잠이 드셨어요. 난 무척 놀랐어요, 내가 당신의 아버지를 많이 좋아하는 것은 당신도 알고 있잖아요." 그녀는 남편의 겨드랑이에 자신의 팔을 밀어 넣었고, 둘은 함께 집안으로 들어갔다. 그 날 오후 그들은 혼자가도 된다고 우기는 로시츠키 영감을 집으로 데려가 침대에다 눕혔다.

다음 날 아침 그는 자리에서 일어나 옷을 입고서 가족과 함께 앉아서 식사를 했다. 그는 아내에게 커피가 평소보다 더 맛이 있다고 말하면서, 자식들에게는 에드 박사가 방문을 하면 자신의 병세에 대해선 한 마디도 하지 말라는 지시를 했다. 아침식사 후 그는 창가에 앉아 바느질을 하면서 아내에겐 병아리 모이를 주러가기 전에 바늘귀에 실을 몇 개 꿰어달라는 부탁을 했다. 아직 그녀의 눈은 그의 것보다 더 밝았고, 손의 떨림 또한 한결 덜했다. 그는 파이프 담배에 불을 붙이고, 존의 위아래가 이어진 작업바지를 집어 들었다. 메리는 아침 내내 그를 걱정스럽게 지켜보고 있었는데, 그녀는 쓰레기가 담긴 양동이를 들고 밖으로 나가면서 그가 미소를 짓고 있는 모습을 바라보았다. 그 순간에 그는 폴리를 생각하고 있었는데, 그것은 자기가 그녀의 집에서 그렇게 아프지 않았던들 그녀의 고운 마음씨에 대해서는 알 수가 없었을 것이라는 생각이었다. *요즈음 젊은 여성들은 자신들의 생각을 솔직하게 말하지 않는다. 하지만 이제 그는 폴리에게는 그러한 어리석음이 차츰 소멸될 것이고, 더 없이 훌륭한 여성이 될 것임을 알게 되었다. 여성은 마음속에 따뜻함이 있거나 아니면 없거나 하는 두 부류로 나눌 수 있다. 그런데 그들이 어떤 부류의 여성인지는 외모만 보고 판단되는 것은 아니다. 그리고 만약 그들의 마음이 곱다면, 그것은 결국 적절한 때에 발현되기 마련이다.*

그가 몇 땀의 바느질을 했을 때, 가슴의 경련이 어제처럼 시작되었다. 그는 파이프 담배를 창문턱에다가 조심스럽게 내려놓은 다음 경련을 완화시키기 위해 허리를 굽혔다. 아무런 소용이 없었다. 그는 할 수만 있었다면 침대로 가려고 시도한 편이 나았을 것이다. 그가 일어서서 익숙한 마룻바닥을 더듬더듬 가로질러 가려는 찰나, 마룻바닥은 마치 배의 갑판처럼 위아래로 흔들리고 있었다. 결국 그는 문가에서 쓰러졌다. 메리가 들어왔을 때, 그녀는 그곳에 쓰러져 있는 그를 발견했고, 그를 만지는 순간 그녀는 그가 이미 이 세상 사람이 아님을 알게 되었다.

로시츠키 영감이 죽었을 때 에드 박사는 먼 곳에 떨어져 있었고, 힘겨운 여정 끝에 도착한 후 처음 몇 주 동안은 집에만 머물렀다. 그는 아버지를 잃은 그 가족들을 만나러 가야지 하는 다짐을 날이면 날마다 마음속으로 새기고 있었다. 포근하고 따스한 달빛이 비추는 어느 초여름 밤 그는 그 집을 향해 출발했다. 이러저러한 잡념으로 마음은 몹시 심란했는데, 무덤 근처를 지날 때에야 그는 로시츠키 영감이 붉은 등불이 빛나고 있는 그 언덕이 아니라, 빛나고 있는 바로 저 달빛 속에 존재한다는 사실을 깨달았다. 그는 차를 멈추고, 시동을 끄고는, 한동안 그곳에 그대로 앉아 있었다.

불현듯 그의 영혼은 차분해졌다. 그곳에 있는 모든 것들은 신비스럽게 작용을 하고 있는 듯 했고, 정체가 정확히 파악되진 않지만 중요한 무언가를 상징하는 것처럼 보였다. 철사로 된 담장 가까이엔 로시츠키 영감의 풀베기 기계가 놓여 있었고, 그 주변에서는 아이들 중 누군가가 그 날 오후에 건초를 만들었던 것과 일하는 용도의 말들이 오르락내리락한 흔적이 보였다. 새로 깍은 건초의 향이 밤공기를 온통 물들여 놓고 있었다. 달빛은 무덤 위에서 자라거나 담장에 숨어 있는 긴 물결과 같은 풀들이 은빛을 띠게 했는데, 그 안에서 자라고 있는 몇 그루의 상록수는 마치 풀장에 있는 그림자처럼 검게 서 있었다. 하늘은 짙은 청색으로 부드러웠고, 별들은 만월인 달빛에 가려 희미한 색채를 띠고 있었다.

에드 박사에게는 이곳이 정말로 아름다운 묘지라는 생각이 처음으로 들었다. 그는 수 에이커에 이르는 관목 울타리와 무거운 묘비가 있는 도시의 공동묘지를 떠올렸는데, 그곳은 비록 정돈은 잘되어 있다 하더라도 살아 있는 세상과는 철저하게 단절된 고독한 곳이라는 생각이 들었다. *그야말로 도시는 죽은 자들이 사는 곳이었고, 망각된 자들이 사는 곳이었고, "버려진 자들"이 사는 곳이었다. 하지만 이곳은 사방이 열려져 있는 자유로운 공간이었고, 작은 묘지 위에 나 있는 긴 풀들은 언제까지라도 바람을 맞아 흔들릴 것이다. 머리 위엔 그저 하늘만 존재할 뿐이고, 다채로운 빛깔의 들녘은 끝없이 펼쳐져 먼 하늘과 닿는다. 여름이 오면 이곳에선 말들이 일을 하고, 이웃사람들은 이곳을 지나 읍내로 나간다. 그리고 겨울이 오면 저 멀리 옥수수 밭에서 로시츠키 영감님의 가축들이 꼴을 먹고 있을 것이다. 이곳보다 더 생동감이 느껴지*

는 곳은 그 어디도 없을 것이다. 대도시에서 일꾼으로 일하면서도 항상 광활한 시골을 동경했다가 마침내 그것을 소유하게 된 사람에게는 더 이상의 바람이 없을 것이다. 그에게 로시츠키 영감의 삶은 완전하고 아름다운 것으로 보였다.

뉴욕, 1928

윌라 캐더 연보

1873 버지니아 주 윈체스터 근처에 있는 백 크리크 밸리에서 아버지 찰스(Charles)와 어머니 메리 버지니아 캐더(Mary Virginia Cather) 사이에서 12월 7일에 맏이로 태어남. 본명은 윌레라 캐더(Wilella Cather)임. 아래 동생들로는 로스코(Roscoe, 1877), 더글라스(Douglass, 1880), 제시카(Jessica, 1881), 제임스(James, 1886), 엘시(Elsie, 1890), 그리고 존(John, 1892)이 있음.

1874 조부모인 윌리엄(William)과 캐롤라인 캐더(Caroline Cather)가 살고 있는 윌로우 쉐이드(백 크리크 밸리와 윈체스터 사이에 있음)로 이사를 함.

1883 가족 모두가 네브래스카 주 웹스터 카운티로 이사. 뉴 버지니아 초등학교에 입학.

1884 아버지는 농사를 그만두고 가족을 데리고 레드클라우드로 가서 부동산 및 금융업을 시작함.

1886 머리를 짧게 자르고 바지만을 고집하며 자신의 이름을 윌리엄(William)으로 부르기 시작함. 1892년까지 성적 정체성의 혼란을 심하게 겪음.

1890 레드 클라우드(Red Cloud) 고등학교를 졸업한 후 링컨 시에 있는 네브래스카(Nebraska) 대학에 입학.

1891 토마스 칼라일(Thomas Carlyle)에 관한 에세이가 『네브래스카 스테이트 저널』(*Nebraska State Journal*)지에 게재됨. 루이즈 파운드(Louise Pound)와 교제를 시작함.

1892	단편소설인 「피터」("Peter")가 처음 출간됨. 루이즈 파운드에게 "여성들 사이에서의 교제가 자연스럽지 못한 것으로 여겨지는 것은 부당하다."는 선언을 하게 됨. 『헤스페리언』(*The Hesperian*)지의 문학편집자가 됨.
1893	네브래스카 스테이트 저널(*Nebraska State Journal*)지에 글을 기고하기 시작. 드라마 평론으로 인지도 높임.
1895	대학을 졸업함. 『링컨커리어』(*Lincoln Courier*)지의 시간제 편집 일을 하면서, 본격적으로 단편소설을 쓰기 시작함.
1896	펜실베니아 주 피츠버그로 자리를 옮겨 가족잡지인 『월간가정』(*Home Monthly*)과 『피츠버그 데일리 리더』(*Pittsburgh Daily Leader*)의 공동 편집자로 일함.
1897	『네브래스카 스테이트 저널』지에 칼럼 기고. 『월간가정』 사직함.
1898	피츠버그 법관의 딸인 이사벨 맥클룽(Isabelle McClung)을 만나게 됨. 미서전쟁(Spanish-American War) 발발.
1900	*Pittsburgh Daily Leader*의 편집자 사임. 워싱턴 D. C.로 이사.
1901	이사벨 맥클룽(Isabelle McClung) 및 그녀의 가족과 함께 살게 됨. 센트럴 하이스쿨과 앨리게이니 하이스쿨에서 교사생활.
1902	이사벨 맥클룽과 함께 유럽여행. 『피츠버그 가제트』(*Pittsburgh Gazette*)지에 기사 기고.
1903	시집인 『4월의 땅거미』(*April Twilights*) 발간. 『스크라이브너즈』지에 단편소설 「사막에서의 죽음」("A Death in the Desert") 게재. 『맥클루어즈 매거진』의 편집자겸 발행인인 S. S. 맥클루어(McClure)와 에디스 루이스(Edith Lewis)를 만남.
1905	단편소설 모음집인 『요정의 정원』(*The Troll Garden*) 출간. 이사벨 맥클룽과 함께 여름 한철을 보냄.

1906 뉴욕에 와서 『맥클루어즈 매거진』의 편집인으로 활동.

1907 보스턴으로 일시적인 이사. 『맥클루어즈 매거진』에 이야기 세 편 게재.

1908 헨리 포드(Henry Ford)가 '모델 T 자동차'를 소개해줌. 사라 온 주웨트(Sarah Orne Jewett)와의 만남. 주웨트로부터 전문적인 작가의 태도 등에 관한 영향을 받음. 『맥클루어즈 매거진』의 편집장으로 승진. 이사벨 맥클룽과 함께 해외여행. 에디스 루이스와 그린위치 빌지리로 이사.

1910 『맥클루어즈 매거진』사의 일로 런던여행.

1911 이사벨 맥클룽과 함께 뉴욕 주 체리 밸리에 있는 집을 임대.

1912 『알렉산더의 다리』(*Alexander's Bridge*) 발간. 처음으로 미국 남서부 방문. 『맥클루어즈 매거진』에 「보헤미안 소녀」("The Bohemian Girl")를 발표함.

1913 『오, 개척자들이여!』(*O Pioneers!*) 발간.

1914 제1차 세계대전 발발.

1915 에디스 루이스와 함께 메사버드(Mesa Verde) 국립공원 방문.

1916 에디스 루이스와 함께 뉴멕시코 주 여행.

1917 미국의 전쟁개입. 네브래스카 대학으로부터 명예학위 수여.

1918 『나의 안토니아』(*My Ántonia*)가 발간됨. 11월 11일 제1차 세계대전 종결.

1920 단편집인 『젊은이와 영리한 메두사』(*Youth and the Bright Medusa*) 발간.

1922 『우리가 가진 소중한 것』(*One of Ours*) 발간.

1923 『우리가 가진 소중한 것』으로 퓰리처상 수상. 『방황하는 여인』(*A Lost Lady*) 출간.

1924 뉴욕에서 소설가인 D. H. 로렌스(D. H. Lawrence)를 만남.

1925 『교수의 집』(*The Professor's House*) 출간. 레드 클라우드와 미 남서부 방문.

1926 『철천지원수』(*My Mortal Enemy*) 출간. 그랜드 머낸(Grand

Manan) 섬에 토지를 구입하고 에디스 루이스가 오두막집을 건축함.

1927 『대주교에게 죽음이오다』(*Death Comes for the Archbishop*) 출간.

1928 아버지의 죽음. 캘리포니아 남부로 남동생인 더글라스와 함께 어머니 이사. 퀘벡(Quebec)방문.

1929 범세계적으로 경제공항이 시작됨. 예일(Yale)대로부터 명예학위 수여. 캘리포니아 롱비치(Long Beach) 방문.

1930 『대주교에게 죽음이오다』로 '미국예술학회'로부터 'Howells Medal' 수상.

1931 『바위 위에 그림자』(*Shadows on the Rock*) 발간. 프리스턴대로부터 명예학위 수여. 레드 클라우드에서 가족들과 재회(캐더의 마지막 네브래스카여행)

1932 3편의 단편 모음집인 『불확실한 운명들』(*Obscure Destinies*) 발간.

1933 『바위 위에 그림자』로 'Prix Femina Americaine' 수상. 스미스 칼리지(Smith College)로부터 명예학위 수여.

1935 『루시 게이하트』(*Lucy Gayheart*) 발간.

1936 에세이 모음집인 『40대 이하는 아니다』(*Not Under Forty*) 발간.

1938 동생인 더글라스의 죽음.

1940 『서파이러와 노예소년』(*Sapphira and the Slave Girl*) 발간.

1941 제2차 세계대전에 미국개입.

1944 전미예술학회로부터 'Gold Medal' 수상. 동생인 로스코의 죽음.

1945 제2차 세계대전 종결.

1947 4월 24일에 죽음. 뉴햄프셔 주의 Jaffrey에 묻힘.

Kyung Moon Reading Classic 006

Neighbour Rosicky

지은이 Willa Cather
편저자 박윤기
펴낸이 조경희
펴낸곳 경문사
펴낸날 2010년 9월 1일 1판 1쇄
2024년 12월 2일 1판 3쇄
등 록 1979년 11월 9일 제1979-000023호
주 소 04057, 서울특별시 마포구 와우산로 174
전 화 (02)332-2004 팩스 (02)336-5193
이메일 kyungmoon@kyungmoon.com

값 12,000원

ISBN 978-89-6105-346-4

★ 경문사 홈페이지에 오시면 즐거운 일이 생깁니다.
http://www.kyungmoon.com